LE COURAGE DE CHANGER SA VIE

« Espaces libres »

ANNE DUCROCQ

LE COURAGE DE CHANGER SA VIE

Préface de Jacques Salomé

Albin Michel

Albin Michel
■ *Spiritualités* ■

Collection « Espaces libres »
dirigée par Jean Mouttapa et Marc de Smedt

22, rue Huyghens, 75014 Paris
www.albin-michel.fr

ISBN : 2-226-15179-6
ISSN : 1147-3762

Apprends, chose immuable :
le soleil ne vénère que les vivants.

Oktay Rifatin

À Jenny,
À Didier,
À Rachel et Alphonse

Préface

de Jacques Salomé

Il est des livres si sensibles qu'ils vous donnent
le sentiment d'être plus intelligent...
Il en est d'autres chargés de passions qui vous rendent
plus savant, ou qui vous font voyager...
Et d'autres encore si accordés à l'imprévisible
qu'ils vont vous faire rêver durablement.
Plus rares ceux qui vous réconcilient
avec le meilleur de vous-même,
qui vous rapprochent de cette part de vous
qu'on pourrait appeler le noyau céleste de l'être
ou le cœur du divin qui scintille en chacun.
Lire, c'est entrer dans l'inattendu d'un mot,
le labyrinthe d'un récit, l'émotion d'un événement
qui vous appelle et vous transporte...
Lire, c'est être accordé à la musique ou la chaleur d'une phrase
et parfois aussi à l'appel d'une voix qui vous rejoint
dans l'essentiel de vos possibles, au plus proche
de votre vérité intime
et vous invite ainsi à vous respecter, à aller plus loin,
plus près encore de vous-même.

Anne Ducrocq nous propose dans ce livre, que j'ai trouvé profond et vivifiant, un voyage à l'intérieur de nous-même. Un voyage initiatique pour nous permettre de découvrir les pays et les paysages qui nous habitent et dans lesquels nous avons plaisir à vivre. Aucune complaisance, pas de facilité dans l'énoncé des chemins proposés. Il ne s'agit pas pour elle seulement d'un éveil mais d'une mise en relation avec un vécu, une pratique du changement. Accepter de commencer à changer, c'est aller vers une liberté d'être plus soi-même, la seule des libertés qui n'exerce aucune contrainte, aucun pouvoir sur autrui, sinon celui de pouvoir se mettre en cause à son tour...

Ma grand-mère disait : «Le plus difficile n'est pas de découvrir l'Amérique, c'est de quitter l'Espagne!» L'inconnu peut mettre à l'épreuve nos ressources et nous confronter à nos limites, mais le connu, lui, nous retient, nous ligote, nous enferme dans nos pièges, nos peurs, nos habitudes.

Anne Ducrocq procède par métaphores extrêmement stimulantes. Elle nous rappelle que ce n'est pas l'escalade de la montagne qui exige le plus de nous, mais la descente, et que plus nous arrivons haut, plus nous découvrons que la terre promise est en soi.

Elle nous fait découvrir comment il est possible de s'accoucher de soi-même, de se mettre au monde, et de s'accompagner dans la vie. Que le bonheur pour une femme ou un homme, c'est de découvrir qu'il n'est pas une victime pour la vie.

Pour changer sa vie, les itinéraires sont multiples. Ils ne se présentent pas à nous dans la facilité et le plus souvent ils se découvrent ou se proposent après une épreuve, un moment de choix où nous sommes vulnérable et plus ouvert.

Dans la deuxième partie de son ouvrage, elle a recueilli avec une qualité rare de condensation, de précision pour aller à l'essentiel, quelques itinéraires de vie. Celui de Didier Maury, un carme qui s'ouvrit à sa propre initiation à partir du désert de sa propre existence. Et qui aujourd'hui invite des femmes et des hommes en recherche à découvrir leur « source au désert ». « Les déserts, nous les traversons tous, que nous en ayons conscience ou non. L'important c'est de leur donner un sens, pour en faire un lieu de purification, de dépouillement librement consenti. » Se dépouiller de ses leurres, de ses dépendances, de ses faux désirs, pour s'ouvrir plus pleinement à son humanitude.

C'est le chemin que suivra également Josiane Criscuolo, dont « le voyage immobile » (atteinte d'une poliomyélite, elle vit assistée par un appareil respiratoire) pour retrouver des « vertus quotidiennes » sont autant d'actes héroïques pour écrire, s'engager, militer, nourrir chaque fibre de sa vie. Avoir le courage d'être vivante au présent, non dans la survie mais dans une vie pleinement assumée.

Citons encore Franco Zecchin ou Sylvie L., qui tenteront chacun à leur façon de découvrir sous le réel, sous l'apparence le sens de leur histoire. Se libérer des conditionnements, des dépendances, des addictions, pour retrouver le goût de soi, le plaisir, le droit de vivre et « de regarder la vie en face, quand on se sent porteur d'une part d'avenir », quand après les épreuves et les leurres, on peut enfin basculer « du côté de la vie ».

Dans un autre témoignage poignant, Nicolle Carré apprendra à « se réconcilier avec l'instant » pour pouvoir un jour mourir en pleine vie, vivante plutôt que déjà morte. Car si l'imaginaire conduit souvent au mensonge envers soi-même, il peut aussi ouvrir les portes de la réalité, quand il devient un pont, une passerelle entre nos ressources et nos limites.

J'ai été sensible aussi au témoignage de Sabine Welsch (un nom d'emprunt, mais chargé de symboles) qui retrouvera le respect d'elle-même en rompant à la fois avec le confort matériel et l'inconfort relationnel. Touché enfin par celui d'André Rochette qui est parti aux Indes à la recherche non de réponses mais de questionnements toujours nouveaux, pour s'ouvrir à la rencontre de soi. On ne part pas en voyage vers soi «pour réparer un passé inchangeable, mais pour se rapprocher de la réalité de soi-même», pour rencontrer son avenir, pour le rendre plus vivant, meilleur, disponible à pleine vie.

Jacques Salomé

Avant-propos

Les départs font peur, et parfois mal. Naître se fait dans un cri.

Je remercie ceux qui m'ont confié leurs cris. Ils se sont jetés dans des eaux troubles pour atteindre une île, sans l'illusion de Christophe Colomb croyant atteindre le paradis terrestre. Ils se sont mis nus comme Job pour témoigner de ce que l'homme a à dire et de la force qui l'anime. Leurs confidences, leurs larmes, leur force, leur dignité démontrent, avec humilité, que l'on peut dévoiler son intimité sans être impudique.

Comme les marins se racontaient leurs voyages dans tous les ports du monde, que leurs confidences nous guident dans nos voyages intérieurs et extérieurs. C'est l'aube à l'horizon que leurs doigts pointent.

Introduction

– On est un peu seul dans le désert…
– On est aussi seul chez les hommes.
Antoine de Saint Exupéry

Nomades nous sommes. L'être humain est capable de partir et de tout changer. Sa vie, son caractère, ses attitudes et son regard. Une potentialité qui lui fait peur. Pour autant, tous les départs ne se ressemblent pas. Certaines impulsions, grisantes, s'avèrent être de fausses routes. D'autres ne sont que des étapes : on initie une conversation jusque-là jugée impossible, on pose une question qui est de l'ordre de la transgression, on ose prendre le premier petit virage… Comment les identifier ? L'homme reconnaît toujours les vrais carrefours. Ils sont rares dans une vie, toujours risqués.

Combien d'entre nous passent leur vie à rêver qu'ils ne sont pas à leur place et ne font rien de cette frustration ? Combien en restent aux velléités, ne savent pas ce qu'ils veulent vraiment ? Ils préfèrent, un temps, longtemps, toute une vie, prendre un prétexte quelconque pour ne pas investir leur vie. Il est parfois trop facile de dire que les raisins sont encore verts…

Il est des départs « déplacés ».

Combien ont détruit une famille pour un désir provisoire ? Partir, ce n'est pas opter pour le tout ou rien. Le romantisme – et la rupture n'en manque pas – manque souvent de profondeur. Partir, c'est parfois savoir simplement revisiter les relations humaines autrement. Ce courage-là demande au moins autant de panache…

Combien d'autres, pour lutter contre leurs phobies, plongent exactement là où ça leur fait mal ? L'homme qui a peur des femmes entretiendra plusieurs relations simultanées, celui qui fuit une personne dangereuse fera tout pour se faire retrouver, celui qui a le vertige s'imposera un baptême de l'air, celui qui a peur de son supérieur hiérarchique dépassera les limites pour provoquer un conflit. C'est une toxicité à dose filée qui empoisonne la vie. Ceux-là combattent leurs peurs au lieu de les écouter et de les analyser. Ils choisissent la réaction au détriment de l'action. À ce jeu, ils sont perdants.

Celui qui part puise dans des ressources personnelles jusque-là souvent inconnues de lui-même. De fait, avoir le courage de partir, c'est avoir celui de se regarder autrement, d'explorer ses identités plurielles. Aller à la découverte des différentes facettes de soi, c'est une façon de les reconnaître et de leur « rendre grâce ». Mais aussi oser dire et croire qu'il y a toujours de nouvelles choses à vivre.

Bifurquer, redresser la barre, à l'extérieur ou à l'intérieur, est avant tout un exercice de liberté. En cela, il est beau et courageux. Faut-il, ou non, du courage pour partir ? Tous ceux qui ont opté pour une rupture avouent n'avoir pas vraiment eu d'autre alternative : une exigence intérieure, un appel lancinant met soudain dans les starting-blocks. L'avenir, insaisissable, ne fait plus peur, il devient une direction sûre. L'homme joue alors le jeu de la création, en perpétuel renouvellement, il se donne naissance. Il se choisit digne et libre.

Tous les départs pourraient être relus comme des métaphores de la traversée du désert par Moïse : un beau jour, quitter les maîtres égyptiens qui nous maintiennent en esclavage – nos représentations du pouvoir, de la famille, de l'amour, nos jugements, nos illusions... – ne fait plus peur, on prend la route vers une destination inconnue.

Quitter un homme ou une femme, une carrière, perdre une terre ou la santé, lâcher un fauteuil roulant, la drogue, quitter les quatre murs d'une prison ou une oppression familiale peuvent être autant de départs au désert, sur un sentier toujours périlleux comme un fil de rasoir : on sait d'où l'on vient, on ne sait pas encore où l'on va. *Nous avons à vivre comme des passants en ce monde*, nous rappelle le jésuite Michel de Certeau. Des passants en mouvement. L'exode est un commencement...

Pour entrer en terre promise, le passage par le dépouillement est incontournable. Au désert, les repères sont éphémères ou effacés, les désirs et les paniques aiguisés, la pauvreté radicale. Les masques tombent et l'on doit jouer sa propre histoire à visage découvert, sans fards : « *Tu te souviendras de toute la route que le Seigneur ton Dieu t'a fait parcourir pendant quarante ans dans le désert, afin de te mettre dans la pauvreté ; ainsi il t'éprouvait pour connaître ce que tu as dans le cœur.* »[1] L'horizon semble reculer à mesure que nous avançons,

1 Deutéronome, 8, 2.

la tentation de retourner en arrière plane : l'esclave en nous se souvient qu'il était bien nourri en Égypte, la liberté, soudain, effraie...

Le courage de partir, c'est celui d'aller à la rencontre de nos ennemis singuliers. De fait, une seule traversée ne suffit pas toujours. Nombreux sont ceux qui, plusieurs fois dans leur vie, et souvent malgré eux, sont invités à redevenir grain de sable au cœur du désert. Ils expérimentent que si le désert fait partie de la vie, les mirages, comme les oasis, font aussi partie du chemin.

Sans départ, il n'est pas de terre promise. Toute l'expérience symbolique d'Israël le dit : pour entrer dans la vie, il faut entrer dans la mort. Chacun, à l'instar du peuple de Moïse, est mis à l'épreuve et appelé à identifier ses esclavages. Si l'exode est un événement fondateur dans l'histoire d'Israël, le livre n'est pas clos. Et les départs en communauté vers le désert existent dans toutes les traditions : l'exode, affranchissement de la servitude, est à l'image même de l'aventure humaine, sans cesse contemporaine. Depuis toujours, nos départs sont des cris de liberté.

Aller au désert, c'est accueillir l'événement qui se présente, le faire sien. Alors l'expérience devient féconde ainsi que le montre tous les ans l'expérience de Pierre-Yves Albrecht avec des toxicomanes : partis de l'extrême Est du Sahara marocain, ils rejoignent ensemble la mer après 1 400 kilomètres de marche. *À travers les sables en feu jusqu'aux houles de la mer* [2], ils cherchent le goût et le sens de la vraie liberté.

---

2 Pierre-Yves Albrecht, *Quarante jours au désert : un style de voyage*, éd. Saint-Augustin, 2000.

Le sens de cette épreuve consiste à trouver la force de devenir soi-même : le désert est moins un lieu géographique qu'un état d'être. Le passage au désert creuse notre solitude et transforme l'homme qui le veut bien en ce qu'il est. Nu, donc éminemment libre. Aller au désert, c'est aussi et surtout faire alliance. Avec Dieu. Avec l'ami de rencontre, le psychologue, le prêtre et tous ceux qui sont sur nos routes. Abraham lui-même déplaçait ses tentes en tenant compte des points d'eau. On n'affronte pas seul la sécheresse et la violence d'un soleil de plomb.

Le voyage, comme les grands mythes, est structuré en trois étapes : le départ, l'initiation et le retour du héros. Il faut mourir à soi-même pour se redéfinir sans cesse. Quand Ménélas invite tous les chefs de la Grèce à réduire Troie et à ramener sa femme Hélène, Ulysse, dans un premier temps, simule la folie pour échapper au voyage. Même le héros de l'Odyssée a voulu éviter le départ, répugnant à abandonner famille et enfants : sa femme vient de lui donner un fils... À contrecœur, il rompt ses liens avec la Cité, traverse la mer et affronte la guerre, puis l'errance. À son retour dans l'île d'Ithaque, vingt ans plus tard, il n'est reconnu ni de son père, ni de sa femme, ni de son fils. Ulysse n'est plus le même, il n'est pas un autre, il est lui-même. Tel un marin silencieux dont le visage buriné par les embruns dit les horizons parcourus.

Traditionnellement, quand le compagnon du Tour de France prend son baluchon pour découvrir l'hexagone dans le sens des aiguilles d'une montre, il démarre son circuit de chez lui et reviendra chez lui, sans jamais retourner en arrière, pour s'installer et se marier. Partir n'est pas fuir, mais se remettre en question. C'est parfois aussi savoir revenir. Car alors le retour rend compte de l'expérience vécue, la consolide et l'amplifie. Là où la chèvre est attachée, là elle broute. Après avoir délié la corde, revenir au pré. À l'arbre. Et peut-être, alors, mieux aimer son pré, son arbre.

J'ai moi-même, il y a de nombreuses années, eu la douloureuse conscience de l'étroitesse de mes choix et j'ai, pour la première fois, affronté ma peur du changement radical. Changer dedans, changer dehors. J'ai traversé mes peurs autant que possible, avec une force apparente de « rouleau compresseur ». Une partie de moi est pourtant restée longtemps au milieu du gué. On n'ose plus avancer ni reculer. On pressent que cela creuse un espace de vérité. Il me reste une sensibilité aiguisée au « partir ». Mais aussi la certitude que la vie, abordée en confiance, déploie une imagination qui dépasse tous nos scénarios.

Pendant près d'un an, de juillet 2001 à juin 2002, j'ai croisé des hommes et des femmes qui ont accompli leur départ. Ils ont tous converti leurs fragilités, ponctuelles ou durables, en force de vie. Et si chaque personne est unique, je crois que toute expérience, à défaut d'être édifiante, peut être un encouragement pour les autres.

1

Jacques Arènes : Partir, c'est affronter le réel

Quand tu aimes il faut partir
Ne larmoie pas en souriant
Ne te niche pas entre deux seins
Respire marche pars va-t'en
Blaise Cendrars

Jacques Arènes est psychanalyste à Paris. Il accompagne les départs ratés ou impossibles et ceux qui sont à venir. Parce que nos vies tournent autour de cette impulsion-là, s'articulent autour de ce parcours, entre errance et liberté.

Avant de découvrir les témoignages personnels de ce livre, il nous donne des clés de lecture : nos expériences individuelles se rejoignent, Jacques Arènes les éclaire et nous aide à les faire entrer en résonance. C'est notre histoire, en filigrane, qui se joue.

Tous les départs sont-ils des traversées du désert ?

Tous nos vrais départs sont des traversées du désert. Celui qui veut réellement changer ne peut faire l'économie d'une ascèse : on ne s'en tire pas sans effort. Si l'on veut devenir soi-même, il y a toujours un certain confort à abandonner sur le bas-côté. Si l'on veut être libre, il faut quitter l'Égypte et se dépouiller, il n'y a pas à tergiverser… De ce fait, la déficience des rites initiatiques, jadis si importants, pénalise l'homme moderne. On perd l'idée de l'ascèse et du combat, nécessaires pour affronter le réel. Or il n'y a pas de changement sans exposition à l'altérité. Aujourd'hui, par exemple, certains jeunes adultes ne veulent plus partir de chez leurs parents. Partir, c'est dire « je », c'est se porter soi-même. Pour pouvoir dire « je », le passage au désert est incontournable. Certains départs, pour douloureux qu'ils soient, sont pleins de promesses. En partant, les Hébreux sont entrés plus avant dans leur identité de peuple élu. On ne part pas pour être plus libre, on part pour être soi.

Quitter l'Égypte, c'est quitter une position d'humilié, d'esclave. C'est comparable à la délivrance d'une névrose. La névrose est un compromis dans lequel on vit, quelles que soient ses souffrances, et où l'on ne prend pas de risques. Le prix à payer est une image de soi déplorable, on ne se sent pas libre, pas adulte. L'individu n'assume pas son propre destin, comme s'il était fixé par les autres. L'Égypte est une terre de confusion, tout y est mélangé, le Juif et l'Égyptien. En sortir, c'est s'individualiser. Pour le jésuite Paul Beauchamp, l'Égypte est une terre d'indifférenciation où l'on n'est pas soi-même. On n'en sort que dans la douleur. De nos jours, nous vivons dans le mythe que les choses doivent se passer en douceur… Or il y a nécessairement un arrachement à négocier : il y aura un avant et un après. On ne peut pas éviter cette violence. Paul Claudel, parlant de sa conversion, disait : « *L'état d'un homme qu'on arracherait d'un seul coup de sa peau pour le planter dans un corps étranger au milieu d'un monde inconnu est la seule comparaison que je puisse trouver pour exprimer cet état de désarroi complet. Ce qui était le plus répugnant, à mes opinions et à mes goûts, c'est cela pourtant qui était vrai. Cette résistance a duré quatre ans.* »

Comment imaginer qu'un changement de système de repères puisse se faire tranquillement ?...

Nos départs semblent souvent impulsifs. Une opportunité apparaît ou, à l'inverse, un détail de trop, et l'on se dit : « C'est le moment ou jamais. » Cela a-t-il une réalité ? Y a-t-il vraiment un moment fécond de tension où toutes les énergies sont prêtes, existe-t-il une pulsion qui déclenche une nécessité ?

Le courage de partir est rarement une chose consciente et, hormis un tour du monde, les départs ne se préparent généralement pas. Il y a comme une forme de pression intérieure, un sentiment d'urgence, d'angoisse. Certains moments sont féconds pour la création, on peut naître de nouveau, on ose enfin pousser la porte... Ce cheminement peut paraître brusque alors qu'il est, le plus souvent, préparé par des années silencieuses, souterraines et inconscientes. L'irrigation est très lente. Moïse a inauguré sa vie d'adulte par un meurtre. Ce mouvement intérieur l'a obligé à fuir. Cette violence et le départ qui s'en est suivi ne relèvent pas d'un choix conscient, mais cela l'a néanmoins fait entrer dans un processus de changement. Il a accepté, en liberté, de changer. Un autre aurait refusé. Il a saisi un espace de liberté, il s'est senti prêt pour la purification… De même, dans sa vie, le bon larron n'a fait que des mauvais départs. Le jour de sa mort, il a effacé tous ses faux départs. Il suffit d'un jour pour réaliser un vrai départ. Celui où l'on dit : « Là est ma vérité. » Celui où l'on prend une décision qui correspond à la vérité de ce que l'on est.

À un moment, on sent que quelque chose de vital est en jeu. C'est ainsi qu'un de mes patients, une professionnelle de haut niveau, a vécu un soir une crise d'angoisse telle qu'elle a dû appeler le Samu. Elle s'est vue mourir. Nous avons entrepris une thérapie de crise. Il s'est avéré qu'aimant les grands espaces, elle étouffait dans son travail. Elle a réorienté son projet de vie. Elle a pris le risque d'un travail non salarié. Cela n'a pas été sans poser des problèmes de couple : l'homme avec lequel elle vivait, et qu'elle était près d'épouser, était un vrai Parisien, tout à fait enraciné dans la capitale. Ce désir de changer a inévitablement remis son couple en question.

Certains vivent des départs à répétition… Ce sont des étapes ?

Notre société, déboussolée, n'a plus d'enveloppe de sens. Le sens n'est plus donné par le tissu social. On présente parfois les trajectoires actuelles comme celles de gens qui ne savent pas où ils vont. Certains doivent pourtant passer par plusieurs zigzags : on rumine parfois pendant des années avec des pseudo départs avant d'oser le bon. La recherche s'exprime aujourd'hui de façon erratique.

De fait, les psychanalystes constatent que les nouvelles générations sont de plus en plus mal structurées. L'homme moderne se construit un « faux self », autrement dit, il se construit une identité et une vie artificielles, qui peuvent même fonctionner à merveille. Nos vies sont très, trop, compartimentées. On peut ainsi avoir des vies professionnelles et amicales réussies et vivre parallèlement une vie affective désastreuse. Cela manque souvent d'unité, de vérité.

Les faux départs existent-ils ?

Certains vivent des impulsions sans lendemain. Ainsi, croire subitement qu'on est fait pour élever des chèvres peut mettre dans de sérieuses difficultés si la volonté d'affrontement avec la réalité – qui caractérise le vrai projet— n'existe pas. Il y a un côté adolescent dans ce type de départ immature. On prend alors le risque d'entreprendre un voyage où l'on se perd car il s'agit d'une fuite, non d'une construction. Les passages à l'acte sans suite sont fréquents. Il en est qui se spécialisent même dans le départ.

Certains prennent la route du Vendée Globe, puis enchaînent sur le Sydney-Hobart sans prendre de vrai risque : ils sont simplement dans la répétition. Or, la répétition vous enferme, même si vous montez des expéditions à l'autre bout du monde. Ce qui compte, c'est de prendre un risque, de poser un acte de liberté, et que cet acte porte des fruits d'unité et de paix.

On peut répéter toute sa vie une errance ou, au contraire, trouver un chemin qui a un sens. Quelle différence y a-t-il entre un SDF et un « fol du Christ » des premiers siècles comme Marc le fou qui, après avoir vécu quinze ans dans le désert, se rend dans Alexandrie en simulant la folie et en se nourrissant de déchets ramassés. Comment faire la distinction entre un prisonnier de son système d'errance et un être libre ? Les deux n'ont nul endroit où faire reposer leur tête. L'un a la liberté intérieure et l'autre pas. La liberté intérieure ne dépend pas de critères objectifs. Le seul vrai critère est celui de la répétition. Je constate que certaines personnes trouvent un plaisir malsain à rester enfermées. Au lieu de dire « je », elles se contentent d'un « ce n'est pas de ma faute ». C'est un triste refuge…

Comment discerner l'heure d'un vrai départ du fantasme, de la crise ?

Il existe des critères de discernement pour savoir si un départ est vrai. Les choses doivent s'ancrer, une vérité et un sentiment de paix se dégager et s'inscrire dans la durée (on doit rester d'accord quinze jours après…). On est sûr de soi, absolument. Il y a des personnalités qui ne sont pas ancrées intérieurement et qui n'arrivent pas à accéder à l'ordre du « je ». Pierre Favre, un proche de saint Ignace de Loyola, a été écarté pendant des années des exercices spirituels par son maître car il ne savait pas « déterminer de sa personne » (*determinar de su persona*). Un jour, il voulait être prêtre, un autre médecin. Saint Ignace sentait qu'entrer dans un processus de choix était impossible pour lui. Une identité doit être suffisamment en place.

Aujourd'hui, beaucoup de jeunes n'ont pas cet ancrage pour faire leurs choix. Mal dans leur peau, ils veulent s'engager dans une organisation humanitaire ou partir voyager au bout du monde. Ces mises en scène de départ miment d'autres séparations pour l'heure impossibles. Nous vivons dans une société où l'intériorité est défaillante et, de ce fait, bouger géographiquement peut être un signe, une étape. Le voyage, la carte du tendre, pallient et remédient partiellement, et temporairement, au changement intérieur. Le fait de bouger extérieurement devient une métaphore et une mise en acte de l'impossibilité du changement intérieur. Faire des zigzags amène aujourd'hui de jeunes adultes à prendre un peu de plomb dans la cervelle.

Enfin, et surtout, il faut affronter le regard de l'autre. Certains pensent être dans un processus de vérité avec eux-mêmes alors qu'ils ne sont que dans la fuite. L'entourage familial le plus proche réagit souvent mal au changement, il est trop concerné : le premier cercle renvoie rarement l'image la plus juste de nous. On s'installe ensemble avec un contrat implicite de vie et de relation. Si le contrat change, on refuse de le renouveler. Cela est surtout vrai dans les pactes tacites, nombreux, qui excluent d'emblée toute possibilité de changement et ne prévoient aucune souplesse.

Par contre, il faut tenir compte de ce que certains amis plus neutres disent de nous, car nous ne sommes pas dans une relation de dépendance avec eux. C'est même un critère de discernement majeur et il ne faut surtout pas le négliger. Nous connaissons tous des personnes relativement neutres qui savent nous dire si nous sonnons juste ou faux. Comme le disait saint Ignace, avec le machisme de l'époque, le Malin est comme les femmes, il aime le secret ! Celui qui, au moment d'une décision importante, fuit le regard de l'autre et pense que sa démarche est trop personnelle pour être comprise doit s'interroger. Il y a fort à parier que son acte ne soit pas un acte d'adulte : quand on fuit le regard de l'autre, on est dans le faux. Une autre méthode, toujours de saint Ignace, est d'altériser son regard. Imaginez-vous à l'heure de mourir. À ce moment-là, on ne valide que ce qui a du sens, au regard d'une vie et surtout d'une mort. Validerez-vous alors cette décision comme ayant du poids ?

Part-on de la même façon et pour les mêmes raisons à vingt ans qu'à cinquante ?

Seul le réel que l'on affronte diffère. À vingt ans, le réel est plus ouvert. On est plus souple, on peut changer beaucoup de choses. Le revers de la médaille, c'est que l'on est moins solide pour poser des actes qui s'inscrivent dans la durée. Pour autant, c'est un âge de toute-puissance. Mais il est des entreprises qui ne peuvent se vivre sans une part de rêve et sans un certain manque de lucidité. De même, et cela a été prouvé par des scientifiques américains, il faut une certaine dose d'inconscience, et de manque de lucidité, pour ne pas être dépressif ! Cela donne à réfléchir… Le risque que l'on prend n'a pas toujours à voir avec la lucidité. La lucidité excessive incite au pessimisme, et nous pousserait par exemple à ne pas vouloir d'enfants. On pressent pourtant, simplement, qu'en faisant un enfant, outre les conflits et les difficultés, on aura un « en-plus » d'épaisseur de vie.

À cinquante ans, on a un enracinement intérieur qui permet de tenir le cap. En contrepartie, tous les changements ne sont plus possibles. Il faut tenir compte du réel. Une femme, par exemple, ne pourra plus avoir d'enfants. De même, se réorienter professionnellement sera plus aléatoire. Refaire sa vie amoureuse à cinquante ans n'est pas comme changer de partenaire à trente. On a une perception du réel plus lourde, moins naïve. À trente ans, on tolère de vivre et de changer ensemble. À cinquante ans, on accepte moins d'être transformé et changé par l'autre. On est davantage dans une recherche personnelle de sens. On doit lâcher des convictions, des représentations. Ainsi, nos enfants sont rarement ce que l'on attendait. Il y a un travail de désillusion à faire. C'est l'heure des premiers incidents de santé et aussi celle où certains bilans de vie s'imposent : on fuit moins le réel. De fait, nos choix y sont plus ancrés.

Y a-t-il une attitude intérieure à adopter ?

Pour valider un vrai départ, il faut prendre une distance par rapport à ce que l'on vit, ne pas être totalement dans l'impulsion. Mais, inversement, avoir trop de distance empêche la décision. Il y a un équilibre à trouver entre les deux. On s'aperçoit que certains font du carton-pâte et n'ont pas la détermination intérieure nécessaire pour porter une action jusqu'au bout. Il y a un manque d'énergie psychique. Ainsi, j'accompagne en thérapie un jeune garçon qui a été trop porté à la fois par son père et par une aisance matérielle familiale. Il ne s'est pas heurté à la réalité et il ne rêve aujourd'hui que d'une chose, c'est d'être propulsé dans la jungle pour se prouver qu'il peut survivre. On a parfois besoin de mises en scène dans nos vies pour stimuler notre désir de vivre. C'est d'ailleurs tout le propos du film *The Game*, de David Finsher. Un vrai départ, c'est se heurter à la réalité et à ses propres limites. On ne peut pas, par exemple, discerner de l'extérieur ce qu'est de vivre au Carmel. La réalité, on doit la heurter, l'éprouver, voir ce qu'on peut – ou pas – en faire. Pour vraiment vivre, on doit passer par là.

Quel risque prend-on ?

À l'heure de prendre une décision, il est un moment où la personne voit en face le risque de changer. S'il n'y a pas de risque à prendre, il n'y a pas de choix. Le risque d'être mal compris, de se tromper, de revenir à la case départ... On ne doit pas rester au milieu du gué. Pourtant, il y a des gens qui avancent mais qui ne vont pas jusqu'au bout, paralysés par le risque. Quand on regarde par-dessus le mur, on voit ce qui se passe derrière : l'horizon s'élargit. Après, on prend une décision. Et si l'on n'ose pas sauter de l'autre côté du mur, il faut avoir le courage de rester dans la même situation. Certains choisissent en toute conscience de ne pas aller plus loin, mais leur souffrance est très forte. Dans le cas de ma patiente évoquée plus haut, il y a un risque de séparation d'avec son ami et elle ne le souhaite pas. Elle peut décider de ne pas prendre le risque. Dans ce cas, il faudra qu'elle se résigne à ce que cet ailleurs entraperçu ne soit pas mis en forme.

Quel est le sens de l'épreuve ?

L'épreuve, c'est le réel, on ne le choisit pas, on doit l'affronter. Nous avons tous aimé une personne qui ne nous aimait pas ou plus, tous eu des rêves irréalisables. On doit utiliser les épreuves que la vie nous offre car elles recèlent toutes une part de mystère. Il faut profiter des tribulations pour voir la réalité autrement. Les deuils ou les temps de chômage font partie de toutes les vies. En faire, par exemple, un moment de partage familial peut être quelque chose de fort : c'est l'opportunité pour des parents de montrer aux enfants que tout peut permettre de trouver une autre dimension. C'est le sens des Béatitudes, qui semblent encenser les plus faibles [3]. Une certaine dimension de la vie n'est accessible que dans la faiblesse. Au cœur de nos failles gît un secret d'être, tout simplement. Quand on vit une grande épreuve, on retrouve souvent le goût de la vie, à travers la simplicité même de l'être. Il y a un bonheur

---

3 Les Béatitudes nous disent que le faible détient la possession non seulement du Royaume, mais aussi de la terre elle-même : « Heureux ceux qui ont une âme de pauvre, car le Royaume des Cieux est à eux. Heureux les doux, car ils posséderont la terre. »

de vie qui ne tient pas seulement à la définition sociale. Quand on change de cap, on retrouve cette adhésion basique au mouvement de la vie. En Occident, peu de gens goûtent la grâce d'être vivants simplement, de prendre un café avec un ami intime en discutant. Nous avons perdu la joie de l'instant.

Le premier départ, c'est celui où l'on quitte son père et sa mère. En quoi ce premier départ est-il fondateur ?

Tout commence effectivement par ce premier départ, celui de « *L'homme quittera son père et sa mère* » (Gn, 2). Il est important de le réussir : pour pouvoir se lier, il faut d'abord se délier. À vingt ans, on quitte ses parents, et en quittant la famille on entre dans l'affrontement au réel. C'est un passage à ne pas rater, celui où l'on apprend à se battre pour ses désirs. À cinquante ans, on est quitté par ses enfants. Aider quelqu'un que l'on aime à vous quitter est quelque chose de paradoxal et de difficile à gérer. Nous entretenons une illusion d'intemporalité dans la famille. On la construit comme si elle était éternelle. Aujourd'hui, les parents ne veulent plus vieillir et ont du mal à prendre leur place dans la succession des générations.

Que penser des départs qui prennent la forme de transgressions ?

Il est des relations, notamment familiales, où les pactes implicites sont très forts, parfois même du registre de l'emprise. On s'impose ainsi une loyauté familiale – ne pas parler du père décédé, prendre la succession d'une entreprise de famille… – et la moindre transgression est assimilée à une traîtrise. Nous vivons dans une société aux schèmes tragiques. Telle femme qui s'interdit la joie après le décès de son mari éliminera l'ambivalence de ses sentiments par rapport à son époux en étant d'une loyauté indéfectible. De même, un enfant aura beaucoup de mal à s'autoriser à être heureux si ses parents ont été des personnes souffrantes. Ne pas reproduire leur souffrance, c'est les trahir. C'est le syndrome du survivant : pourquoi la puissance anonyme qui nous gouverne m'offre-t-elle cette liberté ? Mais les pires pactes sont ceux que l'on passe avec soi-même. Ainsi, ceux qui s'imaginent, souvent à tort, que leurs parents attendent telle chose d'eux. Un pacte avec l'autre peut être délié. En revanche, entre soi et soi, c'est plus complexe, car on est seul arbitre et il faut nécessairement se décentrer. Le plus difficile à vivre, c'est de transgresser ce que l'on a longtemps cru souhaitable comme vie...

Les modèles de vie parfaite dans lesquels nous évoluons aujourd'hui sont très contraignants. Hier, nous avions des modèles éthiques et moraux. Désormais, ce sont plutôt des modèles de performances. Les parents, par exemple, doivent affronter l'injonction de perfection parentale. Face à un adolescent en crise et qui ne ressemble pas à ce que l'on avait souhaité, il faudra prendre une direction que l'on n'avait pas imaginée. Si l'on veut un jour être vrai avec soi, il nous faut traverser nos images. Nous avons tous de belles images, à la fois enfermantes et rassurantes, de nous. La réalité est à la fois plus exaltante et plus angoissante.

De quoi avons-nous si peur ? Pourquoi certaines femmes humiliées, des citoyens opprimés, n'osent-ils pas faire leurs bagages ?

J'ai accompagné une jeune femme très fine qui, pendant des années, a subi une violence morale et physique inouïe de la part de son mari. Déjà dépendante de son père, elle n'avait pas envisagé d'autre monde possible

a vocation à être quittée, c'est un lieu dont on doit se séparer. Michel de Certeau explique bien comment les plus grands mystiques étaient dans une problématique d'exil. Sainte Thérèse d'Avila est la petite fille d'un juif converti de force [4]. Il faut avoir vécu l'exil pour être dans une attitude mystique. Il nous manque alors ce lieu dont on pense que notre vie dépend. Si ce peut être un arrêt pour certains, c'est un moteur pour d'autres. Nous sommes tous structurés sur l'exil. Ne serait-ce que l'exil de notre propre enfance, qu'elle ait été heureuse ou pas. C'est un pays que l'on a quitté. D'autant plus aujourd'hui où l'on protège tellement l'enfance. On quitte le cocon. On ne possédera jamais l'origine.

Nos vies sont des voyages. Peut-on naître à soi-même sans partir ?

J'ai un patient qui a une vie épanouie mais qui n'arrive pas à dire ce qu'il ressent à sa famille. Il craint que cela ne casse quelque chose et ne remette l'équilibre de la famille en question. Il a été « formaté » ainsi. Objectivement, il n'est pas question de départ, ni de déplacement. Alors qu'en fait, arriver à parler est pour lui le plus grand déplacement qu'il puisse imaginer. Nous avons tous nos points de limite que d'autres considèrent comme négligeables. Pour lui, parler à ses proches est une révolution intérieure, c'est son escalade de l'Everest. De même la conversion d'un homme, qui modifie totalement son rapport au monde et sa manière d'y agir-réagir, se fait dans l'intériorité. Sortir d'une névrose est aussi du même registre, le mouvement de liberté est souvent imperceptible extérieure-

4 *La Fable mystique, un lieu pour se perdre*, Gallimard, 1982.

ment. La névrose colore notre regard et c'est ce qu'il y a de plus complexe à changer. Lorsqu'une personne est enfermée dans ses répétitions, c'est peu à peu toute sa perception du monde qui est faussée, tout son univers qui s'étrique. Certains actes de liberté, les nôtres, ceux des autres, nous prouvent heureusement que nous ne sommes pas emprisonnés dans des déterminismes et qu'une issue existe. Le moment où les choses basculent est difficile à identifier et à formaliser pour un psychanalyste. C'est très mystérieux, presque du domaine de la grâce.

Partir, ce n'est pas tout. Après, il faut transformer...

Le courage est la vertu des commencements, soulignait le philosophe Vladimir Jankélévitch. De ce fait, il faut compter avec le temps. Renouveler ce geste de courage inaugural tous les jours, c'est cela qui est compliqué. La nouveauté nous permet de poser un geste, il faut la retrouver, la renouveler tous les jours, matin après matin. Il y a de belles impulsions, de beaux éclats, mais, sans colonne vertébrale, cela ne dure pas. Plus on est près de sa vérité intérieure, plus on est susceptible de retrouver ce jaillissement qui a présidé au geste. La liberté n'est pas qu'instantanée, elle est prise dans le temps. Un jour, on prend une décision, puis une autre, et une autre encore. On est happé par le réel, on résiste. Cela nécessite la volonté des jours. L'usure a toutes les chances de gagner contre la liberté si on n'inscrit pas notre acte dans la durée. Le plus dur, c'est de tenir, de poser un acte après l'autre. Les vrais changements mesurent l'épaisseur du réel. Jusque-là, c'est comme si l'on avait vécu en pilote automatique. On préfère souffrir plutôt que de se battre tous les jours pour être soi-même.

Et puis, si l'on ne part pas pour rencontrer l'autre et le réel, à quoi bon ? La vraie valeur anthropologique du départ, c'est de se heurter aux limites, les nôtres et celles qui sont posées par l'autre : le vrai voyage est disponibilité à l'autre. Si l'on ne sort pas de son système, les départs ne serviront à rien. Le véritable enjeu du départ est le changement intérieur et l'on est parfois obligé de passer par Oulan-Bator pour cela. Des enjeux tout simples de la vie quotidienne doivent parfois passer par des déplacements géographiques. Ils ne sont pas inutiles. Regardez le fils prodigue. Il revient après de longues années au point de départ. Apparemment, il repart de zéro. Dans la réalité, les tribulations l'ont changé, il a fait un voyage intérieur. Cheminer géographiquement, comme dans le pèlerinage par exemple, permet à chacun de cheminer intérieurement et de changer son regard sur sa femme, ses parents, sa vocation… Péleriner n'est pas errer.

2

Christine Janin : Le courage de redescendre des sommets

S'ils n'adoraient que les montagnes !
Ces lointaines sont des temples où le Seigneur
aime à siéger. Mais c'est leur force
avec des poulies de chair vive qu'ils élèvent.
Pierre Emmanuel

Christine Janin a longtemps rêvé en hauteur. Première française à gravir la plus haute montagne du monde, l'Everest (8 848 mètres), elle a enchaîné pendant plus de dix ans les prouesses en altitude. La nature exige-t-elle des sacrifices pour se dévoiler ? Elle les lui offre. Elle expérimente le plaisir de la souffrance, comme s'il lui était plus facile de vivre sous la tempête que sous un ciel sans nuages. Un élan vital la pousse vers les sommets et les grands espaces. Elle sait aujourd'hui que c'est une souffrance d'enfant, un manque de reconnaissance qui la portait et qu'elle allait faire exploser loin des regards des autres. Son combat intérieur, son expédition la plus risquée, l'attendait : il fallait amorcer le plus périlleux, la descente…

Elle prend la décision de partir moins haut, moins loin, mais plus profond. Redescendre sur terre, elle l'a fait en accompagnant des enfants malades du cancer et en créant, en 1994, l'association *À chacun son Everest.* Avec elle et son équipe, ils retrouvent confiance et se dépassent pour atteindre leur sommet. Elle les emmène en France et à l'étranger. Grimper. Se dépasser. Ils ne se positionnent plus comme des enfants malades, ils deviennent fiers, ils retrouvent une précieuse estime d'eux-mêmes. Car ils ne doivent pas seulement guérir d'une maladie : leur image aussi a été mise en danger. Ses quarante ans, elle les a fêtés sur la banquise en pensant à eux. Ce nouvel engagement a inondé sa vie, leurs visages rayonnent sur les murs de son appartement. L'alpiniste est redevenue médecin. Sa vie est plus vivante.

Maintenant, elle veut laisser de la place à la femme, s'accepter fragile, se laisser porter. Entre Paris et Chamonix, elle apprend lentement à mettre de la douceur dans sa vie. Son sommet a enfin taille humaine : elle le cherche à l'intérieur. Le plus beau voyage reste à vivre…

Paris, île de la Cité, chez Christine,
décembre 2001-janvier 2002.

La vie est un chemin de transformation. Il y a ceux qui prennent la route, ceux qui restent au bord. J'ai pris la route et, pour moi, seule la victoire est belle. Je n'ai jamais abandonné. Quel était le risque quand j'ai gravi l'Everest ? Échouer ? Mourir ? Certainement pas. Il y a des hommes et des femmes qui meurent à petit feu de ne rien faire, de ne rien oser, des enfants qui s'éteignent tous les jours dans les hôpitaux ou dans les rues. Je ne peux pas et ne veux pas parler de courage. J'ai suivi mon instinct.

Je crois à des chemins de vie : ce sont les cartes que l'on prend dans le jeu qui nous font basculer. Pour moi, il était facile de partir, j'avais ça dans les tripes, il fallait que j'y aille, comme si je n'avais pas le choix. Je ne partais pas comme on fuit, c'était quelque chose en moi de plus fort que moi. Je ne savais pas vivre comme tout le monde, je partais pour sauver ma peau, mais je ne m'en rendais pas compte. Si je n'avais pas été au bout de mon rêve d'Everest, je serais morte intérieurement : je ne savais comment me sortir de ma vie en bas. Je ne me voyais pas ouvrir un cabinet médical et élever des enfants. On m'a donné une opportunité à saisir, je l'ai prise. Intuitivement, je sentais que c'était mon chemin et que c'était le moment. C'était limpide. J'ai marché pendant quinze ans, sans me poser de questions, j'avançais, j'enchaînais les expéditions, sans objectif précis. C'est après un long travail sur moi-même que j'ai compris que mes exploits ne me nourrissaient plus et que j'ai trouvé le courage de revenir, de réatterrir.

J'avais quelque chose de moi à aller chercher à l'Everest et pas ailleurs. Je suis allée exprimer une souffrance qui m'habitait, une souffrance d'enfant. Ce n'était pas une destination au hasard. Vouloir gravir le toit du monde est un choix qui est loin d'être anodin. Le 5 octobre 1990 à 16 h 45, j'ai réalisé mon rêve, touché une espèce d'absolu. Mais monter n'est pas tout, il faut redescendre. Arrivée au sommet, il n'est pas question de s'attarder : à 8 848 mètres d'altitude, il n'y a pas d'oxygène. Nous avions marché quinze heures, nous étions fatigués et pourtant l'épreuve physique n'était pas terminée. Il restait encore au moins trois heures avant d'atteindre le camp 4, à 8 000 mètres. Il faut être très vigilant car l'on n'est plus porté par le haut, on sent le vide. Ce n'est qu'arrivé en bas que l'on sait que le pari est gagné. Encore faut-il faire de tout cela quelque chose qui libère...

Je ne pouvais pas avoir une vie classique. Entourée de quatre frères, je n'étais pas vue en tant que fille et, qui plus est, j'avais un jumeau, je n'étais qu'une « moitié ». Matériellement, nous n'avions jamais manqué de rien, mais le cruel manque d'amour de mon père, sa froideur, m'ont creusée profondément. Quant à ma mère, ce n'était pas une femme vraiment expansive, elle a surtout passé toute sa vie à jouer le rôle de tampon entre son mari et ses enfants. C'est ce manque qui m'a amenée à me lancer dans une vie que l'on peut juger plus excitante qu'une existence ordinaire, mais aussi certainement plus difficile. Ce n'est pas parce que l'on choisit une vie qu'elle s'avère légère pour autant. J'ai couru après l'amour de plus en plus haut, dans l'inconscience de mes motivations et sans réaliser que je côtoyais la mort au lieu de côtoyer la vie. Il fallait que je me montre, que je mérite d'être aimée.

Même dans mes rêves les plus fous, je n'aurais jamais imaginé faire l'Everest. Je n'étais pas du milieu, réputé masculin, de la montagne, et j'étais spontanément plus attirée par la voile. J'ai pourtant choisi l'élément terre parce que le corps à corps me paraissait plus physique. J'avais besoin de m'imposer des efforts, c'était mon mode d'expression. La première fois que l'on m'a proposé une expédition, j'avais toutes les bonnes raisons de dire non. J'ai dit oui, et oui pendant quinze ans. Je ne pensais pas à la mort, je montais dans un sursaut de vie. Certes, la liste des disparus en montagne est longue, mais cela fait partie des règles du jeu et, pour moi, cela n'était pas le problème.

Jusqu'à ce que j'atteigne l'Everest, j'étais dans une quête : je tenais, un pas après l'autre. Les sommets se succédaient au Népal, au Pakistan : Gasherbrum II (8 035 m), Malaku (7 700 m), Annapurna (7 650 m), Hidden Park (8 068 m)... L'Everest, je devais l'atteindre. Point. Pas d'états d'âme. On n'a pas le choix à 8 000 mètres. Il fait si froid ! Je m'étais mise dans ce guêpier, je devais en sortir. Tant qu'on n'y est pas, on est dans les livres d'aventure. Il n'y a pas de courage à affronter le grand froid quand on n'a plus le choix ! J'ai réussi. Dans mon carnet de route du pôle Nord, j'ai noté : « Plus jamais tu ne recommences. » Et pourtant. Les gens attendaient une suite, me demandaient toujours plus, je leur permettais de rêver, je me suis sentie poussée : « Que vas-tu faire de mieux maintenant ? » J'ai alors organisé le challenge Top 7, l'ascension des sept plus hauts sommets des cinq continents. Le voyage m'a paru de plus en plus long, fastidieux, et cela commençait à ressembler à du « travail ». Plus j'avançais, plus la gestion du projet devenait pesante et ternissait mon plaisir. J'ai failli rester chez les Papous de Nouvelle-

Guinée. Je m'imaginais médecin parmi eux, passant de case en case. Leur vie m'a soudain paru si simple alors que nous nous la compliquons tellement. Mon aplomb dans la course aux exploits commençait à se fissurer...

En bas, la réalité m'attendait : ma mère était en train de mourir et mon couple battait de l'aile. Nous avions tous les deux des ambitions divergentes, nous n'attendions pas la même chose de la vie. Mon mari se préoccupait davantage de sa carrière de cadre supérieur dans une société de skis que de mes sommets. Cela faisait trop longtemps que nous vivions en parallèle, j'étais toujours entre deux départs, je n'arrivais pas à m'engager dans une vie de couple, à me projeter comme mère. En me posant tous ces défis, j'avais soigneusement évité de me poser des questions. J'ai commencé à me demander ce que je cherchais vraiment. À quoi servait de courir si loin, si haut ? Je cherchais de l'humain et j'étais dans le challenge, presque dans l'inhumain. Si je ne m'étais pas posé de questions, je crois que je serais morte là-haut, car à force de jouer avec le feu il m'aurait brûlée.

Il m'a fallu avoir le courage de poser les vraies questions, mais aussi avoir celui des larmes. Je donnais l'image d'une personne forte, j'avais soigneusement caché ma sensibilité. J'ai compris que le fait de seulement grimper était stérile et qu'il me fallait aller chercher mon désir profond. Blindée, je m'étais interdit d'être sensible, de douter. Je devais trouver le courage de lâcher prise. Or, en montagne, symboliquement, lâcher prise, c'est tomber dans le vide... Je sentais l'urgence d'un changement. C'était aussi vital que ce qui m'avait poussée quelques années plus tôt à tutoyer les sommets. Mon mariage a volé en éclats. Il me fallait avoir confiance en moi et dans la vie. Quand on est mûr, les rencontres ont lieu. La vie est faite d'échanges. Ceux qui ne veulent pas aller à la rencontre de l'autre se dessèchent, ils perdent le contact avec eux-mêmes. Ils ne se trouveront jamais. J'en ai pris violemment conscience.

C'est là que j'ai croisé pour la première fois les enfants malades du cancer. Ils ont été pour moi un puissant signal de survie. Ils m'ont fait basculer vers ma féminité. J'ai vécu pendant des années dans un univers d'hommes, à la maison, puis à la montagne. La femme en moi avait aussi besoin de vivre. Tout s'est craquelé. J'ai compris que c'est moi que je devais aller chercher, pas un sommet. Il m'a fallu lâcher une image de moi. Je me suis fait très mal. Cela m'a pris du temps, il faut avoir un courage certain pour se remettre en question. Les enfants touchent en moi le médecin et la femme. Avec eux, je découvre une forme d'amour universel. J'ai mis deux ans et demi à oser ce chemin-là et à fonder l'association *À chacun son Everest*. J'ai laissé s'exprimer quelque chose de profond en moi, une sensibilité longtemps enfouie, je me suis investie dans un projet plus universel, plus large que le couple.

Cette fois, je prenais le grand départ : la terre promise est en soi. J'ai changé de direction, j'ai pris le chemin du désert, je voulais revenir différente. Je ne savais pas où l'aventure me mènerait, mais cette fois je me sentais bien accompagnée. Pendant des années, il m'avait fallu toujours vivre du neuf. J'ai appris à ne plus être dans l'extraordinaire, à vivre comme tout le monde. Il y a des étapes de vie. On traverse des périodes où l'on construit, c'est l'ascension, d'autres où l'on transforme, avant de se retrouver enfin en vérité avec soi-même.

Mon expédition au pôle Nord à skis, en 1997, je l'ai faite pour les enfants, pour récolter des fonds et faire vivre notre association. Réussir cette aventure a été ma manière de m'engager auprès d'eux. Cela a été mon passage à l'acte. J'étais accompagnée d'un russe que je ne connaissais pas, Sergueï Ogorodnikov. Disons que c'était une solitude accompagnée. Ne parlant pas la même langue, nous ne pouvions pas refaire le monde ni entrer en conflit. Nous nous disions trois mots qui suffisaient. Cela a même été une leçon d'humilité : il prenait des décisions avec lesquelles je n'étais pas d'accord et qui s'avéraient bonnes. Dans la même langue, cela aurait été l'occasion de frictions. J'ai vécu ces deux mois comme une marche initiatique de 1 000 kilomètres, je marchais avec moi-même, j'avais le temps de penser, je n'étais plus dans les dangers de l'altitude. La vie était finalement presque simple : se lever, plier la tente, marcher, manger, déplier la tente, dormir... J'ai mis un mois à comprendre que, sauf accident, il suffisait de marcher tous les jours pour arriver au bout. J'aurais même pu continuer. Le pôle a été pour moi une étape de maturité : soixante-deux jours entre soi et soi. Évidemment, c'est plus laborieux et moins fort en sensations que l'ascension de l'Everest... Dans l'enfer blanc – les températures descendent jusqu'à - 50° –, tous les jours sont les mêmes, il n'y a pas de sommet à apprivoiser sinon en soi-même. Par moments, cette monotonie de l'effort et du paysage, sans couleurs ni odeurs, était particulièrement pénible, mais je ne me sentais pas le droit d'abandonner, je devais aller jusqu'au bout pour les enfants, sinon j'aurais eu beaucoup de mal à me regarder en face dans la glace... Lors des ravitaillements, je recevais leurs mots d'encouragement. Je pensais à ce qu'ils enduraient physiquement et moralement, moi je ne souffrais que du froid. Et puis un groupe d'entre eux m'attendait à l'arrivée. Nous avions pris rendez-vous.

Désormais, les défis de cette nature, c'est de l'histoire ancienne. Terminé. Aujourd'hui, je risquerais ma vie en montagne, car ma tête et mon énergie sont désormais ailleurs. J'ai repris pied sur terre. J'ai transformé la verticalité. La montagne est devenue pour moi un lieu de ressourcement : je profite du côté ludique du ski et de la beauté des paysages. Je n'ai plus envie ni, surtout, besoin de faire des choses extrêmes. Je suis enfin capable de me promener simplement en montagne. J'ai longtemps pensé que c'était réservé aux touristes...

Avoir de la chance ne veut rien dire. La chance, on va la chercher, la saisir. Je dois reconnaître que j'ai eu une bonne étoile mais, à chaque fois, j'ai osé, j'ai pris le risque de tout quitter. Je ne connaissais rien à l'altitude quand je me suis laissé entraîner comme médecin pour ma première grande aventure en montagne. De même, pour emmener les enfants en escalade, il fallait un certain culot. J'ai la force de croire en ce que je fais. Quand nous avons projeté de bâtir un centre médicalisé pour eux, il nous fallait seize millions de francs, nous en avions deux. J'ai pris mon bâton de pèlerin et je suis partie. Quatre ans après, en juin 2001, la maison *À chacun son Everest* a ouvert ses portes : pour les enfants, c'est comme un camp de base, la dernière étape avant de partir pour l'ascension finale, celle aussi où l'on se ressource après l'effort. Pour déplacer les montagnes, j'ai dû me remettre en question et les résultats sont là. Plus de mille enfants sont déjà partis conquérir leur Everest avec nous. J'ai eu le courage de m'engager pour les autres, même si c'est parfois une charge. Je n'avais jamais su m'engager réellement dans ma vie. J'avais du mal à partager aussi. Quand on marche vers l'Everest, même en équipe, on est seul. Personne ne peut rien pour l'autre, en montagne, c'est chacun pour soi. Je découvre le « ensemble ».

J'ai fait l'Everest parce que c'était vital pour moi en tant que personne, pas en tant que sportive avide de compétitions. C'était un défi intérieur que je me lançais, et cela, les enfants le sentent. Et quand je leur dis de faire attention à la descente, ils entendent parfaitement mon message. Atteindre leur sommet leur permet de transformer l'épreuve et de se détacher de leur statut de malades. Ils deviennent autre chose que de simples malades, ils se réconcilient avec leurs corps et (se) prouvent qu'ils sont capables de se dépasser. Aujourd'hui, l'association est posée, c'est ma conquête à moi, et le cadeau, c'est eux. Quand j'entends, par exemple, après l'ascension d'un sommet en Martinique, un garçon me dire : « Heureusement que j'ai été malade, sinon je n'aurais pas vécu ça »...

Il y a des gens qui ont l'instinct d'aller jusqu'au bout d'eux-mêmes, d'autres abandonnent en cours de route ou, pire, trichent avec eux-mêmes. Il y a des gens qui n'oseront jamais. Il faut démarrer et, surtout, ne pas se mentir à soi-même. Au pôle Nord, je savais à tout moment que je pouvais arrêter, il suffisait que je déclenche ma fusée Argos pour que l'on vienne me chercher. Pourtant, à certains moments de découragement, j'aurais préféré que l'ours blanc vienne me manger plutôt que d'abandonner. Il faut une volonté de fer, que certains ont tous les jours pour aller à leur travail. L'Everest, j'ai choisi de le grimper. Pas les enfants. Plus que les traitements lourds qu'ils subissent à l'hôpital, c'est le retour dans la vie ordinaire qui est le plus délicat. Quand il faut retrouver une position et que vous vous sentez enfermé dans une « étiquette » de malade. Quand on a protégé ses parents pendant des mois. En eux, quelque chose a changé et il leur faut retrouver leur place. Ils gravissent leurs sommets pour quitter une peau de malade, ils se surpassent pour changer le regard des autres. Ces enfants dégagent une force incroyable. C'est le « merveilleux malheur » : certaines épreuves peuvent être transformées en quelque chose de positif. Ce qui aurait pu être vécu comme un drame, ce qui demande du courage, peut en même temps être un chemin de transformation. C'est le principe même de la résilience. Les enfants n'ont pas le choix. Pour rebondir et redevenir comme tout le monde, il leur faut atteindre leur sommet intérieur. Peut-être a-t-on d'autant plus de courage que l'on en a besoin…

Aujourd'hui, je me réconcilie avec le quotidien, je n'ai plus peur de vivre demain. J'avance jour après jour. Si on passe son temps à attendre le lendemain, on passe à côté du beau tous les jours. Je refuse de dire « j'aurais dû ». Non. L'Everest, on l'a au quotidien. C'est aller au bout de quelque chose en soi. Il est bien de rêver, mais il faut savoir passer à l'action. Les rêves sont des moteurs dans la vie. On a parfois l'impression que les jeunes d'aujourd'hui ne savent plus rêver, qu'ils n'ont plus conscience de la force que donne le rêve. Ils sont dans un quotidien assisté. À leur âge, je courais le monde. Ils ont peur. Le confort, c'est dedans qu'il est à trouver. Si on est bien avec soi, on est bien partout.

Je dois aujourd'hui trouver une façon de donner un relief plus doux à ma vie. Je ne veux plus m'inventer de nouveaux obstacles. Je ne veux plus en faire trop, décrocher le prix d'excellence. Tant pis si je ne peux pas faire davantage. Mon plus beau succès ce n'est pas l'Everest, c'est la façon dont j'ai transformé tout ça, étape par étape. Je ne suis plus la même, je vis plus sereinement. Même si rester inactive, assise dans mon canapé à lire un bon livre, me donne encore parfois le vertige… J'aspire à autre chose qu'à l'exploit : être en paix, ne plus avoir besoin de toujours être dans le faire, et aimer tranquillement. Il a fallu que je redescende au niveau de la mer. Cela m'a pris dix ans. L'association a nécessité un engagement très fort de ma part. Maintenant que tout fonctionne, je veux adoucir un peu les choses. Je n'ai pas fait ça pour me transformer en chef d'entreprise ! Il me reste à apprendre à déléguer. J'apprends à faire avec les autres, à libérer progressivement de l'espace pour respirer. Mon nouveau projet, c'est moi, et le sommet est haut.

Je me suis trop longtemps protégée derrière mes projets. Je veux faire de 2002 une année cadeau pour Christine. Le projet de l'association est désormais solide, je me suis posée, je n'ai plus d'excuses. C'est enfin l'heure de la douceur, de vivre pour soi et de se laisser porter par les autres. Je suis en marche, j'ai encore du travail, mais l'essentiel est placé, je ne peux plus me défiler. Je souhaite donner une autre amplitude à ma liberté. J'ai fait mes preuves en tant qu'alpiniste, médecin et chef d'entreprise. On sait que j'ai du yang ! Il faut maintenant que je laisse mes forces yin s'ouvrir, ma sensibilité, ma sensualité. J'ai envie de trouver mon espace en tant que femme, tout simplement, et de laisser une vraie et belle place à l'amour.

Tu as bien fait de partir Arthur Rimbaud !
René Char

3

Catherine Preljocaj : Tu quitteras ton père et ta mère

En vous chassant, je me chasse, en vous attaquant je me détruis, il nous reste peut-être à nous aimer. Car si vous nous avez apporté le malheur, c'est aussi que vous étiez malheureux, portant avec vous ce que vous fuyiez, à la poursuite peut-être de quelque inaccessible. À moins que…
Michel Le Bris

Sous les quatre mètres de hauteur de plafond d'une ancienne loge de concierge dans le XIe arrondissement, à Paris, Catherine Preljocaj offre le regard bleu, franc et direct d'une jeune femme qui cherche la paix. Le voyage pour y parvenir lui a parfois semblé interminable, douloureux, physique et intérieur.

« Tu quitteras ton père et ta mère » : le premier départ, fondateur, d'une vie est souvent celui où l'on quitte la demeure familiale. Si ce départ n'est pas réussi, il hypothèque souvent les départs à venir. Or Catherine n'est pas partie, elle a fui une famille aux mœurs moyenâgeuses. La rebelle s'est retrouvée les mains vides : à l'âge adulte, elle mendiait encore un amour et une chaleur humaine qui n'étaient jamais venus.

Le cancer, à trente ans, a été pour elle le point de départ d'un parcours que tout le monde n'est pas nécessairement prêt à mener : en empruntant le chemin de la thérapie, elle a eu le courage d'aller à la rencontre d'elle-même. Cela passait par le deuil de l'amour inconditionnel de son père et de sa mère. Une traversée du désert, une initiation.

Elle comprend que pour guérir de ce lymphome, de sa colère d'avoir été élevée dans une prison, elle doit se réconcilier avec ses parents, avec leur clan, et elle entreprend de visiter leur passé en Albanie. Dans la recherche de ses origines, elle découvre les visages de ses parents, jusque dans leur enfance. Elle rencontre leur guerre, leurs conditions de vie précaires, elle touche leur douleur, immense. À ce moment-là seulement, elle peut pardonner aux adultes qui l'ont blessée. Elle a pris le chemin des mots. Apprendre à parler. Mais aussi apprendre à entendre ce qui n'a jamais été dit de l'histoire familiale.

Elle ne nie pas la dureté de ce qu'elle a vécu, elle l'a approfondi avec des mots, elle en a fait un livre, *Le Bonheur pour une orange n'est pas d'être un abricot.* Aucun de ses deux parents ne l'a lu. Son père parce qu'il craint d'avoir des reproches à se faire, sa mère, parce qu'elle est analphabète, mais aussi parce que ce livre rompt le pacte du silence des Albanais. Qu'importe. Sa douleur est devenue un récit, elle a changé de perspective.

Catherine a guéri organiquement. La cicatrice de son opération ne lui fait plus mal, mais lui rappelle tous les jours qu'elle a été déchirée. Dès la guérison, elle aurait pu interrompre sa quête. Elle la poursuit depuis neuf ans. La recherche de sa vérité la rend libre. Elle entre dans l'écriture de son second livre et vient d'ouvrir son cabinet de thérapeute énergéticienne. Le désert est encore parfois aride, mais elle n'y est plus toute seule.

Paris, quartier du Père-Lachaise, chez Catherine, octobre- décembre 2001.

Je suis née malingre. À dix-huit mois, j'étais rachitique, mon âge osseux était celui d'un enfant de six mois. Depuis ma naissance, je n'assimilais pas les vitamines nécessaires à ma croissance. Ma mère avait pensé que sa grossesse était maudite et je lui en donnais la preuve. Mes jours étant en danger, les médecins m'ont envoyée dans un centre hélio-marin pour enfants malades à Roscoff, en Bretagne. Pouponnière n° 2. Un matin d'avril, mon père m'y a déposée, puis il est rentré à Paris rejoindre le reste de la famille. Il m'a récupérée huit mois plus tard. Je n'ai pas eu une visite, pas un signe. Je parle d'abandon. De retour à la maison pour le soir de Noël, je n'ai pas reconnu le visage de mes parents, c'étaient des étrangers. Ils parlaient albanais. Pas moi.

Enfant, j'avais déjà une puissance sensuelle, j'étais trop vivante, trop spontanée, trop là. On n'est pas de chair chez nous... J'étais trop tonique pour eux. Ils n'arrivaient pas à me dompter. Ils s'y sont appliqués.

J'ai dix ans. Tous les matins, ma mère me bat parce que je fais encore pipi au lit. Je suis blonde aux yeux bleus dans une famille brune aux yeux noirs. L'amour ne circule pas. Nous vivons à la cité des Acacias, à Champigny-sur-Marne. Il y a peu d'Albanais. Je ne sais pas ce que cela signifie d'« être Albanais ». Mon frère a le droit de sortir plus souvent et plus tard que nous. Je ne le remarque pas.

Nous déménageons dans un pavillon à Sucy-en-Brie, une ville où vit une diaspora ouvrière de trois cents Albanais. Avec mes trois sœurs, nous restons cloîtrées à la maison. La moindre sortie est épiée, dénoncée, déformée. Nous vivons dans une toile de non-dits, de jugements. Nous allons, de force, tous les dimanches à l'église Saint-Martin, la messe est dite en albanais, avec toute la communauté. Si je parle à un garçon, je suis sévèrement punie. Je me verrouille, j'apprends à faire sans. Je comprends que mon frère a tous les droits et moi aucun. Mes parents m'avaient donné la vie, ils me le faisaient payer cher. Le constat est sans appel : je ne suis pas prête de sortir de là.

Gina, ma sœur aînée, a 14 ans. J'ai deux ans de moins qu'elle. Le défilé des familles des prétendants au mariage commence. Ils viennent faire leur marché pour l'aînée, mais ils regardent aussi les fruits qui ne sont pas encore mûrs. Pour plus tard. Cela ressemble au repérage d'un mauvais film dans lequel nos parents ont l'impression de faire leur devoir. Nous avons l'ordre de nous faire jolies, d'être sages et de rester dans la cuisine. Nous en sortons chacune à notre tour pour servir le café turc et les *mezze*, yeux baissés et en silence. Nous sommes évaluées, soupesées à tour de rôle. Leur message passe : tu sortiras de là mariée. Je fais exprès d'être maladroite dans le service, je m'habille mal, je regarde les invités dans les yeux, comble de l'arrogance. Ils ne m'auront pas. Je me jure de ne jamais me laisser offrir comme une vache.

Mon père me dit : « Si tu pars, je te tue. » Il le pense. Il me met dans une école de bonnes sœurs pour me mater et m'éloigner de la tentation des hommes. J'écoute mes camarades de classe parler de leur baccalauréat ; je ne participe pas à leurs projets, les études ne veulent rien dire pour une femme albanaise puisque sa seule vocation est d'être épouse. Je passe mes dimanches après-midi en buvant des cafés au lait dans la cuisine, j'attends quelque chose qui ne vient pas.

Le mariage, en Yougoslavie, de Gina est une décharge électrique. Toute la famille est exclue pendant les sept jours des « festivités » pour éviter la moindre influence. C'est un rapt consenti. Je prends l'avion pour la première fois et j'assiste, horrifiée, au mariage de ma sœur, terrée dans la maison d'à côté d'où me parviennent les bruits de la noce. J'ai perdu ma seule confidente et je suis désormais la suivante sur la liste. Trois mois plus tard, une nuit de pleine lune, je quitte la maison et pars à Tours. Pourquoi pas Tours ? Je pars parce que je ne vis pas, je pars parce qu'on m'interdit d'être moi. Je préfère vivre un quart de seconde qui m'appartienne et être abattue à bout portant d'un coup de fusil par mon père déshonoré plutôt que de faire semblant de vivre. Je ne pouvais pas consentir au destin qui était le mien. Premier, faux, départ.

À Tours, je vis ma première histoire amoureuse. Avec une femme. « Vous ne voulez pas d'une pute, vous aurez une lesbienne. » Je voulais les bafouer. Ils m'avaient fait un mal de chien, je croyais leur rendre la pareille. Mon père me retrouve et fait le voyage. Le déshonneur empêche ma mère de sortir faire ses courses, mes sœurs sont enfermées plus que jamais, en représailles. Je culpabilise pour elles, qui subissent les conséquences de mon choix. Il vient me chercher pour que les choses rentrent dans l'ordre. Il me fait des promesses auxquelles je ne crois pas, mais je le suis car j'ai encore envie d'appartenir à cette famille. J'ai besoin d'eux. Besoin que Maman m'aime.

Je prends des emplois successifs, je finis par quitter la maison, j'aime au féminin – mon père me crache que je suis bonne pour les camps de concentration –, ils comprennent qu'ils ont perdu, que je me suis mise hors jeu. Je comprends qu'ils ne m'accepteront jamais et je décide de les aimer de loin. Je me réfugie dans le travail et nous n'avons plus que des relations d'étrangers, lors des fêtes d'anniversaire ou à Noël.

J'ai trente ans. Je développe un lymphome. Je crie. Je prends conscience de mes responsabilités. Sauver ma peau passera par le pardon. Je n'ai plus le choix. C'est l'heure du vrai départ. Mendiante de leur amour, j'allais être obligée d'aimer deux fois plus. Les mots d'amour que je n'avais pas reçus, j'allais devoir les leur offrir la première. M'aimer comme j'étais, j'allais devoir l'apprendre toute seule.

J'ai choisi la vie *in extremis*. Je mourais, étouffée de tristesse, j'avais besoin d'horizon. Je suis entrée en psychothérapie comme on part en voyage. Qui étaient ces gens qui se permettaient de me faire souffrir à ce point ? J'appartenais à une famille clanique, aux mœurs médiévales, où l'on vit en autarcie, de façon fusionnelle, mortifère. J'ai eu le besoin impérieux de savoir qui étaient mes parents avant de devenir ces tyrans domestiques, car tant que je ne comprenais pas qui ils étaient, il y avait une part de moi à laquelle je n'avais pas accès. Pour guérir de mon passé, j'ai été obligée de me situer en dehors, au-delà, pour rejouer l'histoire. C'était un préalable à tout travail efficace sur moi.

Leur pardonner notre vie commune, c'était mettre de la lumière là où un poison me rongeait. Pardonner, c'était regarder en face la violence de cette société et de mes parents en face. Je voulais tant pouvoir dire, un jour, fièrement : je suis Albanaise. Je suis en train d'y arriver.

Les images de la guerre au Kosovo à la télévision m'ont bouleversée. Les choses devenaient plus concrètes. Les Kosovars sur les routes m'ont rappelé que je m'étais exilée de mes racines, j'ai dû regarder cela en face, cette fierté, ou pas, d'être Albanaise. J'ai également rencontré des Albanais fins et sensibles, comme Izet Curi, un couturier, Luan Rama, un cinéaste, écrivain et, à l'époque, ambassadeur d'Albanie à Paris, ou encore Youssouf Vrioni, le traducteur d'Ismaël Kadaré, qui ont une grande noblesse d'âme. Il n'y avait pas d'intellectuels dans mon milieu, j'avais vécu une enfance confinée, je découvrais un autre monde. Du coup, mes parents et les Albanais de Sucy cessaient de symboliser toute l'Albanie, il existait des Albanais « bien ». Ils m'ont permis de reconsidérer les choses et m'ont réconciliée avec tous les Albanais. Grâce à eux, je me suis réapproprié mon « albanitude ». Cela a été une grande guérison pour moi. Et je prends peu à peu conscience que ce ne sont que mes racines, pas le but vers lequel je me dirige… La lumière a agi.

Je me suis accouchée moi-même. Au bout de plusieurs mois de psychothérapie, j'ai prononcé dans la conversation mon premier mot d'albanais : *Thöt*, que l'on peut traduire par « Il dit ». À partir de là, je suis entrée dans le dire. Avec l'énergie, le besoin de dire. Après chaque séance chez ma psy, je passais deux heures dans un bain chaud, j'avais besoin de me rassembler, de me plonger dans une matrice pour me laver et me rassurer. Je suis restée trois années avec elle. Je n'avais pas l'impression d'une parole pleine, et pourtant je me construisais sans en avoir conscience. Avec elle, je dressais comme un état des lieux d'immeuble. Mes fondements étaient vaseux, rien de solide ne pouvait se construire, nous avons tout repris de zéro. Ensuite, seulement, l'heure vient de choisir un appartement où l'on se sent bien, un chez-soi. Un être intérieur. La première chose que j'ai faite, symboliquement, a été de choisir une clé pour laisser entrer qui je voulais chez moi. Pour cela, j'ai d 'abord appris à reconnaître et à nommer mes désirs pour ne plus dépendre de l'extérieur. Je suis retournée vivre deux mois chez mes parents pour enraciner mon histoire et mes nouvelles fondations.

Il y avait depuis toujours un couvercle de plomb sur le passé de mes parents. Je revenais tout le temps à la charge. Il fallait percer l'abcès, pour moi, mes parents, mon frère, mes sœurs, et d'autant plus pour les générations qui nous suivraient. Pour découvrir leurs souffrances, je suis allée les chercher, pas à pas. J'ai tout fait sans eux. Les frontières d'Albanie étaient fermées. J'ai interrogé des membres de ma famille réfugiés en Yougoslavie, ma grand-mère au Monténégro. Ils m'ont ouvert notre passé familial, j'ai aussi lu et rencontré des Albanais à Paris afin de tout reconstituer. Pour pouvoir entendre leurs blessures, j'ai pleuré avec eux, sur eux. Mais sans eux.

La vie et la joie de mes parents avaient été écrasées sous la guerre et les morts aimés, piétinées par la misère. Je suis entrée en compassion. J'ai fait grand angle et j'ai regardé l'Albanie autrement. Je comprenais soudain : le passé de mes parents, Liza et Pjeter, éclairait leur présent. Quand j'ai découvert que mon frère Valentin, leur premier enfant, était mort de faim parce que ma mère, qui n'avait pas de quoi se nourrir pendant sa grossesse, n'avait même pas de lait à lui offrir, cela a été d'une telle force ! J'ai ressenti la torture intérieure de ma mère.

Entrer dans leur histoire m'a fait comprendre qu'ils étaient souffrants avant tout. Je me suis mise de leur côté, à leur place. J'avais besoin de leur trouver des excuses pour les comprendre et leur pardonner, pour me sentir plus légère. Cela touchait ma loyauté de fille : j'ai du sang albanais qui coule dans mes veines ! Je les ai regardés, je leur ai rendu leur mémoire. Ces gens-là n'avaient jamais été considérés. J'ai pardonné parce que je ne pouvais faire que ça. Sauf à dire « j'ai plus souffert qu'eux », mais nous n'étions pas dans une compétition de souffrance.

Un soir de novembre, je suis allée leur parler de mes découvertes sur leurs vies. Ils étaient émus, dérangés surtout. Pas une larme n'a coulé. Je brisais une convention tacite, celle de ne pas remuer leur passé. Je leur ai déroulé le fil de leur vie, j'ai mis mes mots à moi sur leur vie à eux. Ma mère a reçu l'histoire comme si ce n'était pas la sienne. En revanche, c'est ce jour-là que j'ai compris mon père, que je l'ai rencontré. En parlant avec lui de sa vie, mon père devenait vraiment mon père. Je lui avais montré que j'étais sa fille, que j'avais grandi et n'étais plus une enfant. Dans un échange d'adultes, j'avais enfin un père, même s'il était archétypal.

Leur montrer ce que je savais de leur souffrance, c'était les reconnaître. Il n'a pas été facile pour moi d'aller chercher leur histoire et de reconnaître que, s'ils étaient si durs, c'était surtout parce qu'ils avaient souffert. J'ai compris que je n'y étais pour rien. Le passé de mes parents a éclairé notre histoire et libéré mon présent. Cela m'a permis de choisir d'entrer dans l'analyse intérieure qu'est l'écriture d'un livre autobiographique. J'ai parallèlement commencé une psycho-généalogie qui a duré quatre ans. Écrire était le résultat de mon cheminement et le devenir de ce que j'allais être. Ce livre, *Le Bonheur pour une orange n'est pas d'être un abricot,* a été pour moi comme une thérapie analytique sans filet. Le premier courrier électronique que j'ai reçu à la parution du livre, sobre mais poignant pour moi, venait d'une Albanaise de Sucy-en-Brie : « Je te remercie du courage que tu as eu pour nous toutes. » Quand j'ai achevé le livre, je n'avais plus envie de faire cette thérapie sauvage de moi à moi. J'avais ôté ma colère, que pouvais-je mettre à la place ?

Aujourd'hui, je suis en analyse et j'ai enfin la conscience que ce que je dis est solide. La parole est courageuse, car qui ne dit mot consent. Celui qui se tait ne revendique rien, il laisse faire et ne participe pas. Le jeu se joue sans lui et il n'a pas le droit de se plaindre. Dire, cela implique d'oser se dévoiler. Partir à la quête de soi, c'est ne plus vouloir ériger de barricades, ne plus faire croire qu'on est quelqu'un d'autre. Il m'a fallu du courage pour ne plus avoir honte de ce que je suis, pour être moi-même et me présenter au monde. En sachant que je dérange. La parole m'avait toujours manqué. Je ne me livrais pas et, surtout, je n'étais pas vraie. Entreprendre une analyse, c'est apprendre à parler et à parler juste. Je comprends enfin que parler a un sens et que c'est aussi une promesse de partage. « Au commencement était le Verbe. » On est là pour ça aussi, dire. Ce qui signifie qu'il faut également accepter que nos mots aient une portée, qu'ils nous engagent.

Une fois guérie du lymphome, j'aurais pu prétendre vivre comme avant et ne rien changer. Mais je ne voulais pas retomber malade. Je savais que des changements étaient nécessaires. J'ai entrepris ce travail sur moi car je veux tous les jours être ce que je suis, je veux m'accepter, me connaître, me reconnaître. Désormais, je n'ai plus besoin de crise pour chercher à être moi, mais il est vrai que les situations de crise éclairent : elles rallument la douleur. Elles prennent simplement du relief pour que l'on s'occupe d'elle… Il faut du courage pour partir en quête de soi. Car cela implique vouloir et prétendre être lucide. Il n'y a plus d'évitement possible. Quand on cherche sa propre histoire, il est insupportable, voire dangereux, de se mentir.

J'ai quitté le péché d'orgueil. Je reconnais que je n'ai pas le contrôle de ma vie. L'analyse est un rendez-vous de neutralité avec soi-même, c'est un temps que je m'offre, où j'accepte enfin d'être seule face à moi-même. Le thérapeute n'est que la sentinelle en cas de problème. J'ai admis que je ne pouvais pas m'en sortir toute seule. Que j'avais besoin d'aide. L'autre n'est que le révélateur de mon image, mon gardien. C'est la petite bougie pour ne pas avoir peur dans le noir… Il faut à la fois accepter le lien avec l'autre et la solitude, la responsabilité et le soutien. Il faut beaucoup de confiance et d'amour réciproque pour révéler son intégrité à quelqu'un. Faire confiance, c'est s'offrir de la douceur. C'est une naissance, violente et magique.

Je suis en analyse non pour devenir une autre, mais pour devenir moi-même. On perd tellement d'énergie à se convaincre de ce que l'on n'est pas… Je veux me donner les moyens d'être moi-même et faire fi de ce qui ne m'appartient pas. Je n'ai pas à porter les fardeaux et les espoirs de mes parents. J'ai pris conscience qu'il n'y avait pas qu'une seule image possible de moi et je m'autorise à aller chercher les miennes. À défaut d'être une fille, je suis une femme, une amie, une maîtresse et, depuis quelques mois, une thérapeute… J'ai enfin compris que plus on évite d'être soi-même, plus le quotidien est compliqué et lourd de conséquences. Depuis, j'arrache les masques. La maladie m'a donné un sentiment d'urgence, je ne pouvais plus être dans la nuance. Comment avais-je pu accepter de jouer ce rôle de victime si longtemps, ce n'est pas du tout ce que je suis… J'avais accepté trop longtemps un rôle qui ne me convenait plus. Depuis, j'ai une parole, je crois être intègre et authentique. Je veux, et je peux enfin, aller au bout de mes qualités.

Avec mon thérapeute, je m'assure que j'ai une continuité, un fil conducteur. C'est le jour et l'heure où je m'oblige à être présente à moi. J'ai besoin d'un rendez-vous pour le faire. Dire donne du poids à ce que je pense. C'est de la mise en scène, je fais le tour de ma vie, je l'orchestre, je change les éclairages. Je prends les rênes de ma vie, mais j'ai besoin d'un spectateur. C'est cela être acteur de sa vie. Parfois je m'entends dire une énormité. Voilà, je l'ai dite. Je pensais que ce serait plus compliqué. Je m'en étais fait une telle montagne. Le corps parle tout de suite. Une larme coule, le corps tremble. Mon corps entend et répond à ce que je viens de dire…

Il m'a fallu prendre conscience de l'amplitude et des contours de ma souffrance. J'ai eu peur de me révéler quelqu'un d'autre. Je craignais de découvrir que j'étais encore plus noire que mes parents avaient pu me le faire croire… J'avais peur de réaliser à quel point j'étais malheureuse, peur de découvrir des choses trop bien cachées… Je pensais que la thérapie allait révéler mon non-bonheur et que j'allais être avalée par cette souffrance. Dans le déni de ma douleur, je l'avais amplifiée. Or, c'est quand j'ai fait le tour de ma souffrance que j'ai pu la prendre dans mes bras et commencer à lui donner congé.

Certaines douleurs ne nous appartiennent pas et, parfois, en cachent d'autres. Le deuil de ce grand frère dont nous ne parlions jamais, je l'ai porté. J'étais dépositaire de la mémoire familiale, mais on ne me laissait pas être actrice. Les douleurs s'arrachent par strates, ce sont des accouchements successifs, des petites morts à soi-même. Je revois le jour sans arrêt. Il serait plus juste de dire que je me sens comme un serpent qui mue. Une gigantesque transformation s'est mise en place. Parfois il y a des peaux que je ne (re)connais pas. C'est en thérapie par exemple que j'ai découvert que j'étais courageuse. Je croyais que j'étais lâche car je ne voulais pas d'un mariage à l'albanaise, parce que je ne pouvais pas appartenir au clan des femmes soumises qui vivent entre la chambre et la cuisine. J'ai pris le droit de m'asseoir au salon. J'ai changé la manière que j'avais de me juger, de m'auto-critiquer. Il m'a fallu du temps pour arrêter de me confondre avec l'image qui est la mienne dans la diaspora albanaise. Celle d'une femme qui a déshonoré sa famille.

Aujourd'hui, en reconsidérant bien l'histoire, je vois que les plus malheureux ce sont mes parents, pas moi. Pour autant, je n'ai plus besoin de leur prouver qui je suis. J'ai fait le deuil de la petite fille que je ne serai jamais pour eux et des parents aimants qu'ils ne seront jamais pour moi. Ils ne sont plus mes référents, je les mets à distance. Je me permets d'être adulte et de grandir encore. Leur regard n'est plus un étau et je ne leur réclame plus rien.

Je m'autorise à devenir ce qu'ils m'interdisaient d'être, libre et heureuse. Derrière des crises et des vagues, j'ai fait le deuil de leur amour. D'autres partent dans la vie avec un capital confiance donné par leurs parents. Ils sont aimés, quoi qu'ils fassent, quoi qu'ils soient. Ce capital confiance défaillant, c'est à travers la thérapie que je l'ai trouvé. Pour que cesse ma plainte narcissique, il fallait que je cherche leurs traces. Je n'aime pas les courants d'air : je devais fermer les portes du passé pour ouvrir celles de l'avenir. Je sentais que je ne pourrais pas avancer autrement. Il faut faire de la place et sortir les morts du placard… Demain n'existe pas. On ne connaît qu'hier et aujourd'hui : nous sommes comme des avions à réaction, pour savoir avancer, il faut savoir reculer.

Je m'accorde enfin d'avoir droit au chapitre. J'ai compris la leçon de l'histoire : nous étions une famille de souffrants, il fallait ouvrir le cœur. Il faut se frotter au passé pour s'assurer que le présent ne sera pas pétri des mêmes erreurs, des mêmes répétitions. Travailler le passé m'a appris à être présente à ce que je vis. Avant, je vivais sans conscience. Je souffrais tant que je m'extrayais des choses. J'étais anesthésiée dans le passé. Je vivais les situations mais je ne les marquais pas, je ne les exprimais pas émotionnellement. Je n'appartenais pas au présent, je n'étais pas en moi, je me défilais sans arrêt. Désormais, je m'oblige à être où je suis. Je ne regrette pas d'avoir revisité mon passé car, dégagé, il me donne un temps plus léger. À présent, je veux honorer la vie qui m'a été donnée. J'entends rester libre.

C'est au cœur de la nuit que tu trouveras le jour.
Carte de la Lune. Tarot de Crowley

4

Didier Maury : L'invitation au désert ou le courage d'être humain

Je te conduirai au désert et je te parlerai au cœur.
Osée,2

Au couvent des frères carmes d'Avon, près de Fontainebleau, le frère Didier anime depuis onze années une thérapie insolite, intitulée *Itinéraire pour une libération*. Ainsi, une vingtaine d'hommes et de femmes, une journée par mois pendant deux ans, choisissent de faire l'expérience intérieure d'un passage au désert pour laisser jaillir la vie. L'Exode redevient contemporain et la marche devient libératrice. Le chemin, le frère Didier l'a emprunté avant eux, il y a laissé une peau et c'est en « homme nouveau » qu'il accompagne ceux qui acceptent de marcher vers eux-mêmes.

Ceux qui suivent l'*Itinéraire* empruntent une route sans concession : à la clé, certains quitteront une histoire, oseront se respecter, d'autres accorderont un pardon inenvisageable, trouveront un cœur d'adulte. Un changement de regard s'opère, les relations se décrispent et prennent de l'espace. L'homme nouveau qui est à découvrir est un inconnu. Car, comme le rappelle Jean-Yves Leloup, aller dans le désert, c'est « quitter » un certain nombre de mémoires avec lesquelles nous confondons notre identité. C'est « *quitter le connu, reconnu que nous croyons être, pour l'inconnu, méconnu que nous sommes* ».

Pour prendre en compte toute la personne, les approches de l'*Itinéraire* sont multiples : Bible, travail sur soi, films initiatiques, contes de Grimm. Le frère Didier travaille depuis sept ans avec Catherine, qui introduit une dimension, fondamentale, de libération de soi par le mouvement. Un beau voyage aux étapes éprouvantes.

L'enjeu est de déplacer nos représentations, d'essayer de faire le vide de nos représentations de nous-même, de notre histoire, des autres, de Dieu, pour nous ouvrir à l'imprévisible. Pour nous relier aussi.

Comme Jacques Arènes nous livrait des clés de lecture psychanalytiques, le frère Didier nous livre ses clés de lecture plus spirituelles.

Avon, couvent des frères carmes, juillet-avril 2002.

Je suis entré au Carmel en 1970 et j'ai vécu ces trente-deux ans comme un long exode. J'ai d'abord appartenu à une fraternité qui avait deux visages : un groupe vivait dans le silence des bois, l'autre en HLM à côté d'Orléans, à la Source. J'ai connu ces deux vies et, après la solitude dans la forêt, j'ai rencontré celle de l'homme dans la ville nouvelle. Pendant neuf ans, j'ai travaillé en entreprise, je me suis ouvert à un autre type de vie religieuse : je n'étais plus séparé des gens, je vivais et priais au milieu d'eux. C'était une vie de prière différente. J'y étais bien tout en notant l'inadéquation du langage religieux avec le quotidien des hommes et des femmes que je côtoyais.

Ce sont souvent les événements qui nous projettent malgré nous dans le désert. À la demande de nos supérieurs, les deux communautés, l'une en 1979, l'autre en 1985, ont été fermées. Nous les avions créées, nous nous y étions beaucoup engagés. Il y régnait une expression libre que je n'ai jamais retrouvée depuis. Treize années de ma vie étaient réduites à un champ de ruines. C'est comme si j'avais perdu un enfant. J'ai été envoyé au couvent des carmes d'Avon. Ce fut pour moi une vraie mort.

Tout ce en quoi j'avais cru et dans lequel je m'étais investi pendant des années, il m'était demandé d'y renoncer. Ma santé en a été atteinte. Je commençais une dépression. C'était un vrai tremblement de terre. Comme tout le monde, j'avais déjà vécu des événements douloureux ; là, je devais affronter mes propres monstres. Le désert, ce n'est pas seulement un déracinement, c'est aussi un lieu de combat, un lieu de murmures, avec le risque d'y perdre son identité ou de désespérer que quelque chose puisse jamais y fleurir. J'ai fait l'expérience d'un état de pauvreté radical. Je me découvrais autre, je me découvrais, avec les mêmes combats et les mêmes difficultés que chacun. Il me fallait me débarrasser du religieux idéal en moi.

Subitement, tout ce que je n'avais pas voulu voir de moi m'apparaissait ; comme si une partie de mon inconscient avait jailli. À l'extérieur, j'étais gentil avec tout le monde ; à l'intérieur, c'était la révolution. Ma traversée du désert, à ce moment-là, a ressemblé à une traversée de l'enfer, de mon enfer intérieur.

En 1989, j'ai suivi deux formations : l'une m'a ouvert à la dimension audiovisuelle, l'autre à la dimension initiatique. Peu après, j'ai rencontré un initiateur qui m'a formé à une méthode de travail sur soi à partir des contes de Grimm : il s'agissait de laisser son faux moi de serviteur (ou de servante), pour s'ouvrir et découvrir son vrai moi de prince (ou de princesse) que nous sommes tous appelés à être. Vécue au plus fort de ma crise intérieure, cette rencontre a bouleversé ma vie. Elle m'a ouvert un chemin qui donnait un sens à ce que je vivais, tout en me sortant de l'impasse dans laquelle je me trouvais.

J'ai peu à peu appris à nommer les choses que je ressentais, à accepter ce que j'étais réellement, à renoncer à courir après mon personnage idéal qui n'existait pas. J'ai compris que le chemin de libération consistait à consentir à ce que j'étais avec toute ma part d'ombre, sans chercher à entrer dans un moule, même religieux. Cela m'a mis en contact avec mon humanité, car plus j'accueillais mes faiblesses plus je devenais humain. C'est dans le consentement à la fragilité qui est la nôtre que nos histoires personnelles peuvent franchir des seuils. Les crises de la vie ne peuvent être traversées que dans une vérité toujours plus grande avec soi-même.

Les situations de deuil nous forcent à imaginer un autre chemin : une porte se ferme et nous conduit à en ouvrir une autre. Après trois ans de travail sur moi à partir de cette méthode, j'ai ainsi proposé au couvent des frères carmes d'Avon un parcours intitulé *Itinéraire pour une libération*. Au rythme d'un samedi ou d'un dimanche par mois pendant deux ans, nous réalisons un rapprochement entre l'expérience pascale des Hébreux ou du Christ et nos propres passages initiatiques. En articulant une lecture de la Bible, la symbolique de contes, les films initiatiques et les échanges, le passage au désert prend un sens, l'Exode redevient une histoire à vivre au présent.

L'*Itinéraire* a évolué avec le temps. Je me suis associé à une femme, Catherine, qui, par le travail d'éveil au mouvement, a totalement renouvelé la démarche. Celle-ci met en jeu toute la personne. Intégrer le mouvement, c'est faire appel à une autre mémoire, celle du corps, avec son cortège de peurs et d'événements heureux, ou douloureux, qui ont marqué notre vie. C'est aussi faire un travail de réconciliation avec soi, entrer dans un monde de perceptions que nous négligeons la plupart du temps. L'éveil au mouvement nous ouvre à la fluidité, au lâcher-prise, comme un filet d'eau qui s'écoule. L'expérience s'inscrit plus profondément, dans notre chair.

Il nous faut retrouver le sens de l'initiation dans nos vies. Peut-être nous sommes-nous débarrassés un peu vite de ce mode de transmission d'un savoir-être. Nous avons pensé, trop rapidement, que l'homme moderne, en faisant le choix de la science et de la technique, pouvait se passer d'initiation. Mais ce choix s'est fait au détriment de la sagesse. Si nous voulons retrouver le chemin de la sagesse, une sagesse qui nous permette de ne pas succomber à la fascination de nos créations, il nous faut redécouvrir d'une manière neuve cette composante essentielle de l'homme qu'est l'initiation. C'est à travers un travail sur soi mettant en œuvre toute la personne, accompagné de rites et sous-tendu par une symbolique de passage, que l'homme contemporain va pouvoir introduire l'espace et la distance nécessaires pour éviter d'être dominé par ses découvertes ou ses passions. Il pourra s'ouvrir à ce qui fait l'humain, la relation, et redonner sens à son existence. On parle de crise de sens, de crise de la foi, du religieux. Je pense surtout qu'il y a une crise des mécanismes de transmission du savoir-être. L'initiation communique une vie, pas des idées. Elle fait vivre un passage, elle donne à expérimenter de l'intérieur. C'est là qu'elle peut rejoindre les désirs de l'homme d'aujourd'hui.

Dans la Bible, la sortie d'Égypte du peuple des Hébreux est une initiation avec ses épreuves, ses passages, ses rites, son nouveau statut (il passe de la servitude à la liberté), c'est une véritable naissance. La marche dans le désert est présentée comme une gestation, la gestation du peuple de Dieu, et cela entre deux écoulements d'eaux (le passage de la mer des Roseaux et le passage du Jourdain). Le peuple est initié progressivement à cette mise à distance que constitue la foi. Il fait l'expérience concrète que son Dieu est un Dieu libérateur. Aussi la structure littéraire est-elle en cohérence avec cette expérience. C'est celle d'un récit initiatique avec les trois grandes étapes du scénario initiatique : l'épreuve, l'affrontement, le dépassement.

L'épreuve, c'est l'événement qui survient du dehors ; en rupture avec la vie quotidienne, il oblige à réagir et modifie l'existence. L'affrontement, c'est ce que les personnages entreprennent pour faire face à l'épreuve ainsi que ce qu'ils ressentent. Le dépassement, c'est le passage à un autre statut, le franchissement d'une étape qui conduit à exister autrement. La symbolique mort/vie y est à l'œuvre.

Notre ambition est d'amener les gens à vivre des passages libérateurs qui les conduisent à devenir ce qu'ils sont. Pour cela, ils doivent se relier à leur Source, ce lieu, au fond d'eux-mêmes, qui n'a jamais été atteint par les blessures de l'existence et que, bien souvent, ils ignorent. Pour cela, ils doivent entreprendre l'exode, passer de la servitude à la liberté, se désidentifier de la servante (ou du serviteur) et découvrir la princesse (ou le prince) qui attend en chacun de nous sa libération. Saint Paul parle du vieil homme et de l'homme nouveau. Le vieil homme, c'est la servante, la personne qui est centrée sur elle-même. Elle ne vit que dans le miroir du regard des autres. Aussi cherche-t-elle souvent à être parfaite. Inversement, la princesse est la personne qui, reliée à sa Source, n'est plus le centre de son existence. Elle a laissé la vie surgir en elle et elle s'y ouvre, elle ne cherche plus à tout contrôler, elle se laisse conduire. Elle consent au réel, elle s'accepte telle qu'elle est. Elle a renoncé aux modèles, y compris aux modèles de perfection.

Nous pouvons expérimenter qu'il existe un autre monde que celui que nous avons toujours cru voir. Nous pouvons en voir les réalités autrement. Il y a un travail d'initiation à faire pour ouvrir les yeux à un autre regard, celui de l'émerveillement, celui qui relie à l'essentiel, à la source. Si le désert ne permet pas de découvrir la source, quel peut en être l'intérêt ? Nous sommes continuellement confrontés à des séparations, à des deuils, mais nous ne savons plus franchir les passages. L'initiateur est toujours quelqu'un qui les a traversés, qui a expérimenté la mort et qui en est revenu. Si l'homme vit des expériences de passage dans sa vie, chômage, deuil, séparation…, il lui faut apprendre à les reconnaître comme telles. Le mystère pascal traverse nos vies : il ne s'agit pas de s'arrêter à la souffrance, mais de la transformer en lieu de transition. L'initiation est nécessaire pour éviter de traîner toute sa vie des blessures parce que le passage n'a pas été fait, elle nous permet aussi de lire et de vivre les étapes de nos deuils, de leur donner sens.

Les personnes qui suivent avec nous l'*Itinéraire pour une libération* ont pour la plupart entre trente-cinq et cinquante-cinq ans. C'est un temps de deux ans qu'elles s'accordent pour se resituer par rapport à leurs vies. Le changement qui leur est proposé est de devenir elles-mêmes. Le travail conduit à entrer dans un chemin de vulnérabilité, à faire tomber des barrières, pour s'ouvrir à l'homme relationnel qui est en chacun de nous, celui qui cesse enfin de se protéger et de mettre des écrans entre lui et les autres. Pour en arriver là, il faut passer par un travail où l'on se découvre habité par un monde qui nous fait peur. Si nous consentons à le ressentir, nous sentons la vie s'éveiller, nous cessons d'avoir peur de nos peurs. En faisant ce chemin, en traversant nos peurs, nous nous ouvrons à une véritable liberté intérieure. C'est là que nous entrons dans le désert. Nous ne savons plus où nous en sommes car nous avons perdu même notre chemin. Il faut du courage et de la détermination pour ne pas s'arrêter en cours de route. Chaque année, il y a des personnes qui interrompent l'itinéraire en cours parce qu'elles ont peur d'être entraînées trop loin. Ce parcours soulève inévitablement des résistances, car notre image idéale n'en ressort pas intacte.

Chaque expérience du désert est plus ou moins longue. Certaines durent des mois, voire des années. Il faut parfois contourner le mur et prendre une autre porte que celle que l'on rêve d'ouvrir. Ainsi, Mona est une femme qui est venue suivre l'itinéraire après avoir tout perdu. Rejetée et déshéritée par ses parents dans son enfance, elle quitte son pays et s'installe en France où elle se marie. Elle perd un enfant, son mari la quitte. Dans un état d'abattement, elle n'a plus le courage de se mettre debout et de prendre sa vie en main. Ses enfants, perturbés, se révoltent. Elle glisse vers l'amertume, se vit comme une victime. Au début de son travail, il y a eu une période où il lui a fallu pleurer. Tant que l'on n'a pas contacté sa part d'enfance, on porte toujours en soi une plainte, et souvent beaucoup de larmes. Il y a eu de nombreuses étapes avant qu'elle ne découvre la princesse qu'elle était, ce moi relationnel libre qui n'a plus besoin de masques pour vivre. Mona a posé des actes et peu à peu tous ses voiles sont tombés. Le travail d'éveil au mouvement l'a en particulier beaucoup aidée à se « lâcher ». Elle ne regrette plus le chemin douloureux parcouru car elle a retrouvé une capacité d'émerveillement extraordinaire : c'est une femme libre, rayonnante. On ne peut plus l'enfermer… Elle a découvert l'amour en elle, après l'avoir longtemps attendu des autres. À travers son chemin de désert, Mona a compris que, plus profonde que toutes ses blessures, une source de lumière l'habitait : en s'y reliant, elle voyait la vie autrement. Elle a fait un passage, elle a vécu une initiation, ses yeux se sont ouverts, désormais elle voit. L'épreuve peut constituer une chance et ce qui semblait un obstacle insurmontable s'avère un tremplin.

Nous sommes là au cœur de l'itinéraire pour une libération. L'épreuve, douloureuse, n'est pas seulement négative, mais elle peut devenir l'occasion d'être davantage soi-même. Une rupture, le chômage peuvent être l'heure d'un virage et d'une réorientation, le moment de se relier à soi-même, de se respecter. Avoir une vie spirituelle, c'est permettre que ce dynamisme profond traverse toute mon existence. Là où le désert est initiatique, c'est qu'il est une « mort-passage » pour renaître. Certains n'en ont pas le courage. Ils ne veulent pas s'en sortir, ils ont besoin de leurs problèmes. Ainsi une femme qui avait perdu son mari a interrompu l'itinéraire en me confiant : « Si je ne ressens plus la souffrance de la perte de mon mari, je perds tout, je préfère arrêter. » Elle ne s'autorisait pas à retrouver la joie. Une autre femme commençait à reprendre goût à la vie et s'arrachait peu à peu aux attentes des autres. Un jour, elle a tout arrêté subitement. Elle a eu besoin de tout casser, de se trouver « nulle ». Ce mécanisme, à répétition, la sécurisait. Il y avait comme un vertige à emprunter un chemin différent. Je le regrette, mais je fais l'expérience de la liberté de chacun.

Personne ne peut éviter le passage au désert, mais nous y consentons plus ou moins bien. Ce lieu de mort est lieu de purification et de dépouillement. Sur cette route apparemment monotone et sans repères, nous découvrons qu'il est en chacun de nous un prince ou une princesse, éminemment libre, même lorsque notre vie extérieure semble n'être qu'enfermement…

Nous sommes habités par des images qui nous emmurent et nous abîment, aussi est-il nécessaire de faire tout un travail, délicat, de glissement de représentations. Si je m'identifie à un personnage modèle, le mari parfait, la secrétaire idéale, la mère de famille patiente, j'aurai le comportement adéquat, mais je ne suis pas moi, et d'une certaine façon je m'interdis d'exister. La principale difficulté que nous rencontrons dans nos vies, le principal obstacle à l'ouverture à notre véritable personnalité, c'est la fascination ou le manque de distance par rapport aux événements, aux personnes, à notre passé, aux paroles, aux activités. En nous identifiant à eux, nous perdons notre liberté intérieure.

Dans le désert de nos existences, nous ne pouvons survivre qu'en introduisant une respiration, un espace dans nos relations. Il nous faut apprendre à quitter un type de relations fusionnelles, où l'on projette son propre cinéma intérieur sur l'autre, pour une relation où il y a un « je » et un « tu », où l'on peut accueillir l'autre sans chercher à combler ou à être comblé, mais en consentant à cette part de solitude qui est en chacun de nous. Accepter sa propre solitude, c'est aussi accepter celle de l'autre, accepter qu'il ait son propre chemin sans lui imposer le mien. C'est cela, simplement, mettre de l'espace.

Au cœur de l'expérience du désert il y a l'Alliance avec Dieu. Dieu donne à son peuple sa Loi, le Décalogue : « *Je suis le Seigneur ton Dieu qui t'ai fait sortir du pays d'Égypte, de la maison de servitude.* »[5] C'est une véritable charte de libération qui s'annonce, comportant le refus de la fusion et du comportement magique. L'homme est appelé à ne pas mettre la main sur Dieu, ni à posséder l'homme qui est l'icône de

---

5 Exode, 20, 1.

Dieu. « *Tu ne tueras pas, tu ne commettras pas d'adultère, tu ne voleras pas…* » On ne s'approprie pas l'autre. C'est le sens de la loi du sabbat qui est à la fois un espace pour Dieu et un espace pour l'homme, un lieu de reconnaissance mutuelle. Dieu est reconnu Dieu, l'homme est reconnu homme. Cela crée un espace qui va permettre à notre liberté de se déployer. Cet espace, nous devons l'introduire dans nos vies : marqués par le stress, le surcroît de travail ou l'investissement sans limites, nous n'avons pas de recul par rapport à ce que nous faisons ou vivons.

J'ai ainsi accompagné un homme qui avait fait plusieurs tentatives de suicide. Il a découvert qu'il avait un don d'écriture de contes extraordinaire. Il n'en avait pas fait sa profession et exerçait un autre métier, très prenant. Quand il exprimait son don, il avait, parallèlement, une véritable fécondité dans sa vie professionnelle. Dès qu'il cessait d'écrire, il s'identifiait à son travail et plus rien ne fonctionnait. Le don était cet espace qui mettait à distance la fascination que son travail exerçait sur lui. Chacun a un don. Il est important de le développer, car il est salvateur dans des situations que nous avons du mal à gérer. Il va nous aider à traverser les situations douloureuses sans nous identifier à elles.

Pourtant, spontanément, l'homme refuse de faire alliance, il veut se faire tout seul. Dans le désert, nous expérimentons que ce n'est pas possible. Si nous voulons survivre, il va falloir accepter la main tendue, faire alliance (souvent par obligation) à travers les médiations qui se présentent à nous : le frère, l'ami, l'inconnu, le psychothérapeute, le prêtre ou la voisine… Le désert va nous plonger dans une tout autre dimension relationnelle, notre système de valeurs bascule pour faire place à l'essentiel. Cette alliance nous donne accès à une source cachée au plus intime de nous-mêmes et rien n'est plus semblable après.

La grande épreuve, c'est notre tendance à l'idolâtrie. Nous nous construisons tout un cinéma intérieur, qui nous coupe du réel et nous conduit à rendre nos rêves absolus. Cela nous empêche de rencontrer l'autre. C'est le sens des tentations de Jésus au désert. Va-t-il se situer au niveau du pouvoir, donc d'un rêve de toute-puissance, ou va-t-il se situer comme Fils-Serviteur en recevant sa vie d'un Autre ? Le démon lui propose une vision d'un Fils tout-puissant qui supprime toute médiation pour agir en fonction de ses fantasmes : « *Tu pourrais changer les pierres en pain, tu pourrais sauter du haut du temple et être porté par les anges.* » Jésus refuse car il ne peut être Fils que d'une seule façon : en renonçant au pouvoir. Nous sommes fils en nous mettant au service de nos frères, non en les dominant. Cela conduit à la mort du principe de violence qu'est notre égocentrisme. Mourir à cette volonté de puissance en moi me donne accès à mon humanité. C'est ce que Jésus attend de ses disciples : « *Si quelqu'un veut venir à ma suite, qu'il se renie lui-même, qu'il se charge de sa croix, et qu'il me suive.* » [6] Se renier, c'est renier le moi égocentrique, c'est devenir vraiment soi-même. Si nous n'entrons pas dans ce décentrement qui, en fait, est un recentrement, le désert devient un lieu de mort. Il y a une façon de vivre les événements, les relations, les activités en nous mettant au centre. Nous voulons simplement être rassurés sur nous-mêmes. Dans ce cas, nous envahissons tout l'espace et devenons incapables de rencontrer

6 Marc, 8, 34.

l'autre. Au contraire, si nous sommes en alliance, reliés à cette Présence qui est en nous, tout devient plus léger.

Au désert, l'homme fait l'incontournable expérience de la patience. Ce qui lui est proposé, c'est un retournement. Apprendre à se laisser conduire, à recevoir sa vie d'un Autre tout en devenant totalement lui-même. C'est un vrai combat. Le patriarche Athénagoras le confiait à Olivier Clément, théologien laïc orthodoxe : *Il faut mener la guerre la plus dure qui soit, qui est la guerre contre soi-même. Il faut arriver à se désarmer. J'ai mené cette guerre pendant des années, elle a été terrible. Mais, maintenant, je suis désarmé, je n'ai plus peur de rien car l'Amour chasse la peur. Je suis désarmé de la volonté d'avoir raison, de me justifier en disqualifiant les autres. Je ne suis plus sur mes gardes, jalousement crispé sur mes richesses. J'accueille, je partage. Je ne tiens pas particulièrement à mes idées, à mes projets. Si l'on m'en présente de meilleurs, ou plutôt non pas meilleurs mais bons, j'accepte sans regret. J'ai renoncé au comparatif. Ce qui est bon, vrai, réel est toujours pour moi le meilleur.*

Là est tout l'enjeu de notre combat : arriver à se laisser désarmer, c'est-à-dire renoncer au principe de violence, présent en chacun de nous, qui cherche à tout prix à se faire le centre. Le moi ramène tout à lui, il est prêt à marcher sur les autres pour imposer son point de vue, même pour des raisons « spirituelles ». Il nous faut passer d'un moi « vampirisant » à un moi désarmé qui a renoncé à la volonté de puissance. C'est cela l'exode : nous laisser désarmer pour accepter pleinement notre humanité. Notre plus belle aventure est d'apprendre à devenir des êtres humains. C'est notre direction, notre unique direction, comme la rose a pour seule direction de devenir une rose. Nous devons passer de l'homme bestial à l'homme humain. Ce qui nous est demandé aujourd'hui, après ce vingtième siècle si sanglant, c'est de sauver l'humain en l'homme. Jésus nous y invite, mais l'entendons-nous ?

Le désert, nous le traversons tous, que nous en ayons conscience ou non. L'important, c'est de lui donner sens pour faire de ce lieu de mort un lieu de purification, de dépouillement librement consenti. Ainsi, seulement, nous pouvons nous ouvrir à un surcroît d'être. Nos oasis resteront toujours un peu provisoires, car d'autres dépouillements nous attendent. Nous sommes régulièrement remis en route. En cours de traversée, il y a des temps de calme et de repos, mais les équilibres sont précaires. Dans ces conditions, il est vital, pour ne pas tourner en rond quarante ans, de choisir une direction… Le but n'est pas de traverser le désert, mais d'arriver en Terre Promise. Nous n'avons pas à nous enfermer dans l'exode ! Nous ne sommes pas appelés à rester toute notre vie dans le désert. Le désert est un lieu de gestation qui appelle une naissance. Donc une sortie.

Lorsque le prophète Élie part seul sur les traces de Moïse, en pèlerinage au mont Horeb, il rencontre le désespoir et, peut-être pour la première fois, la peur. En faisant l'expérience de ses limites, de sa faiblesse, il effectue un retournement et découvre qu'il est humain, comme tous les autres. Sa vision de Dieu bascule, s'affine. Abandonnant ses représentations d'un Dieu de puissance, il l'entend dans la voix d'un fin silence. L'invitation au désert est un appel à devenir homme, à s'ouvrir pleinement à son humanité, à un regard qui voit en l'autre un semblable, et non un agresseur, avec lequel il est relié et participe à une même aventure. L'homme retrouve ce pour quoi il a été fait, la raison de son existence, la direction de sa vie : l'Amour, gratuit. Ce qu'un enfant comprend en naissant, il faut souvent un long parcours et des expériences douloureuses de désert pour le redécouvrir une fois adulte.

Ce qui embellit le désert,
c'est qu'il cache un puits quelque part.
Antoine de Saint-Exupéry

5

Josiane Criscuolo : Le voyage immobile

Que seulement je fasse de ma vie
une chose simple et droite pareille à une flûte
de roseau que tu puisses emplir de musique.
Rabindranath Tagore

Certains voyages sont immobiles.

Josiane Criscuolo, vingt-quatre ans, était une insouciante étudiante en licence d'arabe à l'université d'Alger. Près de la mer, du sable et du soleil. Amoureuse de Beethoven, elle faisait, depuis l'enfance, courir ses mains sur le piano. Un soir de décembre 1961, une attaque de poliomyélite fauche son corps, lui faisant perdre l'usage de sa respiration et de ses quatre membres. Cela fait quarante ans qu'elle ne respire plus par elle-même, mais à l'aide d'un appareil, et passe ses nuits dans un poumon d'acier.

Foutue, les diagnostics la donnaient foutue. Il ne lui reste que le cerveau. Elle travaille, souvent plus par désespoir que par espoir, avec ce que la vie lui a laissé d'intact. Elle prend la décision de ne pas attendre la vie, et de vivre. Au présent : l'urgence. Et au futur : l'inconnu. Elle entame, en s'interdisant de s'arrêter d'épuisement, une lutte incessante contre un corps immobile. Son courage s'inscrit dans la durée, la longue durée, car elle pressent que son engagement ne pourra être efficace que s'il est profond et immuable.

Elle se projette alors dans la vie et, parce qu'elle a besoin d'un but précis, reprend ses études : un système lui permet de tourner les pages des documents ou d'enregistrer sur un magnétophone ses notes de lecture. Sa thèse d'État sur le colonel Nasser devient son œuvre d'art.

En 1975, elle passe son doctorat de troisième cycle en lettres arabes. La maladie l'a rendue libre malgré sa dépendance aux hommes et aux machines. Une seule certitude : la liberté n'était ni ce qu'elle croyait ni là où elle le croyait. Depuis, à la présidence d'associations, elle a voué sa vie aux handicapés pour les aider à assumer leurs différences : « Nous ne serons pas des vaincus de la vie. » Avec eux, elle sort d'elle-même, elle s'oublie. Elle mise sur les vertus quotidiennes plutôt que sur les actes héroïques. Son présent y gagne en intensité. Parallèlement, elle lutte pendant plusieurs années pour obtenir un poste d'attachée de recherche. Elle gagne aujourd'hui sa vie comme directeur de recherche au CNRS.

Quand, quinze ans après ce soir d'hiver 1961, elle peut s'évader pour la première fois quelques journées pour retrouver sa famille en vacances à vingt kilomètres de l'hôpital, elle cherche l'inspiration là où elle est, sur le bord de son chemin : le plaisir d'une lecture, un rayon de soleil sur la peau.

L'histoire n'est pas édifiante. L'histoire a un visage de femme moderne et coquette. Josiane Criscuolo a « choisi » l'effort et le risque : les obstacles la stimulent tandis que l'instant présent lui révèle ses secrets. Si ses poumons ne fonctionnent plus, elle a trouvé le souffle de faire mentir ceux qui voulaient la laisser pour morte-vivante dans son poumon d'acier, qui a toutes les apparences d'un cercueil. Elle parle de seconde naissance. Pour elle, le miracle de la vie n'est pas de danser, de jouer du piano ou de plonger en Méditerranée. Il est d'y avoir renoncé en sachant qu'il existe d'autres raisons de vivre.

Son corps lui a résisté pendant quarante ans. Elle s'en est libérée fin novembre 2003. Sa réaction aux aléas de la vie a été, autant que possible, choisie et sa mort sonne comme une délivrance. Elle a vécu sa vie, jusqu'au bout, en femme libre. Que son exemple de résistance et d'espérance ne soit pas vain.

Montpellier, hôpital St-Éloi, juillet 2001.

J'ai une vie où je ne dois pas avoir de passé. Il est trop beau, trop lumineux. Sous le soleil d'Alger. Pas de futur non plus : quand on se projette, on se trompe. J'ai seulement un présent, intense, jour après jour. Il me faut vivre le moment présent. J'en ai fait une règle de vie : pas de passé, pas d'avenir. Je ne fais plus aucun projet à long terme. Quand j'ai été fauchée par le virus de la poliomyélite, j'avais vingt-quatre ans et une seule alternative : avancer ou stopper tout. Il n'existait pas de troisième voie. Les années ont passé. Je réalise que cela fait dix ans, vingt ans, quarante ans... que je lutte. Jour après jour, j'affronte des situations inextricables, je me réveille le lendemain et je suis encore là... La médecine m'avait condamnée. Mais elle n'avait que sa science et rien de plus. Le reste, c'est moi qui l'ai. Mon combat, c'est la vie quotidienne. Pour moi, c'est le résultat qui compte, pas les étapes pour y parvenir.

Je suis tombée malade au moment de la guerre d'indépendance de l'Algérie. J'ai été assez vite rapatriée. Contrairement à mes proches qui ont beaucoup souffert d'en être arrachés, je n'ai jeté aucun regard sur la terre que je quittais. Moi, je perdais ma jeunesse et ma santé. Ce sont des biens que l'on ne retrouve plus. Alors, sur une terre ou sur une autre... Devenir handicapée à l'âge adulte, c'est gommer une vie et repartir. J'aurai toujours deux vies dans ma vie. Je suis toujours valide dans mes rêves. Je gomme la réalité... Je nie, je ne suis pas dans une acceptation totale. Je serai toujours profondément révoltée par ce qui m'est arrivé. La vie normale que je n'ai pas pu mener... C'est un choix que je n'ai pas eu. Pourtant, ironie des événements, lors d'une visite médicale à l'université, six mois avant de contracter le virus, j'ai refusé le vaccin. Si je n'avais pas fait ce choix personnel, j'en aurais voulu à mes parents (nous n'avions pas été vaccinées enfants). J'ai eu l'occasion de dire oui. J'ai dit non. À moi d'assumer la suite. J'aimais la vie, elle a trahi mes rêves. J'ai eu l'impression qu'elle ne m'aimait plus. Chaque fois qu'elle a voulu me quitter, je me suis accrochée à elle. Un jour elle me quittera quand même. J'ai peur de la déchéance, pas de la mort.

Au début, ma nouvelle vie me dégoûtait. Je n'en voyais pas encore la plus grande densité. Je me cachais la réalité. Et puis, peu à peu, il y a des joies tellement plus profondes qui jaillissent. J'ai trouvé un compromis entre avant et après. Après est plus riche, plus dense. Quelle est la valeur d'une vie sans risques, à l'abri de toute fatigue physique ou morale ? Je suis née à ma seconde vie. J'ai appris à aimer des moments simples. Le bonheur, c'est un rayon de soleil le matin quand on se lève. Cela paraît creux tant que l'on peut encore le ressentir sur la peau. Enfermée dans mon poumon d'acier, j'ai mis huit ans avant de pouvoir, pour la première fois, sortir en fauteuil roulant une demi-heure dans les jardins de l'hôpital. Par la suite, on y faisait des pique-niques en famille le dimanche : la batterie de mon appareil respiratoire avait deux heures d'autonomie ! Aujourd'hui, avec les progrès de la science, je suis devenue indépendante pendant sept heures. Presque une journée dehors... Ce fut d'ailleurs une condition *sine qua non* pour m'intégrer dans la vie professionnelle.

La révolte négative détruit tout, il faut développer une révolte positive. Si l'on se résigne, on fait du surplace. Pour moi, piétiner, c'est reculer. En revanche, si l'on refuse de baisser les bras, on est alors obligé de se dépasser. J'ai cohabité avec la maladie pendant des années dans un rapport de forces. Aujourd'hui nos rapports se sont équilibrés. J'ai trempé mon caractère, j'ai pris de la distance par rapport à des détails inutiles. Si la force morale est innée, elle se renforce avec le temps et les difficultés. On ne peut pas rester passif. Il faut trouver la force d'effectuer ce dépassement, de déplacer tes valeurs dans la vie. L'occasion m'a été donnée de m'apercevoir que j'étais volontaire. Le courage au quotidien pendant quarante ans, c'est l'amour de la vie, il est sous-jacent dans tout. Je ne crois pas que ça me lâchera. Mon combat est un hymne à la vie.

Pendant des années, j'ai cru que j'avais quelque chose à attendre de mes efforts contre la maladie. Je me disais que le premier geste que je ferais, ce serait de serrer quelqu'un dans mes bras. C'est terrible de ne pas pouvoir serrer ceux que l'on aime dans ses bras. Cela m'a marqué en particulier lors des baptêmes de mes filleuls, Christophe et Caroline. Pouvoir marquer un geste d'affection, poser simplement sa main sur une autre m'est impossible. Alors je compense. Le maître mot de ma vie, c'est la compensation. La compensation par les mots, par les humains, par la technique. L'humilité, je l'apprends. Mais c'est long et c'est dur. J'ai encore des moments de désespoir. Je dois faire attention de ne pas m'y engloutir.

J'ai mis près de dix ans à admettre l'échec de ma récupération respiratoire et à décider d'arrêter les exercices quotidiens. J'ai compris ce que personne ne voulait me dire. Les médecins ne sont pas très courageux pour dire la vérité. L'espoir d'obtenir une petite autonomie respiratoire, ne serait-ce que de quelques minutes, me portait, m'aidait à vivre. Pour la sécurité en cas de panne de secteur. Désormais, ma vie tient véritablement à un fil électrique. Pendant les dix premières années, j'étais dans un combat physique obsessionnel : respirer. Je n'étais pas libre mais j'installais mes repères.

Ma liberté a commencé le jour où j'ai commencé à travailler. Je ne voulais pas vivoter, survivre. Sans intégration professionnelle, pour moi, ce n'était que de la survie. Ma plus grande fierté est de m'être fait une place dans une vie professionnelle digne de ce nom : j'ai fait de la recherche au CNRS pendant vingt ans. Je ne voulais pas d'un emploi au rabais...

J'ai renoncé à mes ambitions de jeunesse. Je voulais devenir interprète, voyager dans les pays arabes pour me perfectionner. Mon grand rêve était d'aller au Caire apprendre l'arabe classique. Tout est tombé à l'eau. Ne pas se laisser aller à se plaindre ne suffit pas. Il faut aussi agir. L'action, ce sont les projets. Celui qui a des projets est sauvé. J'ai alors choisi de reprendre mes études où je les avais interrompues. J'ai entrepris de passer un doctorat en littérature arabe, cela m'a pris huit ans, comme les autres étudiants. Je lisais, je dévorais, avide d'apprendre. Je tapais à la machine, je prenais des notes sur un magnétophone. Le tout avec un stylo dans la bouche. J'ai eu le privilège de sauver le cœur de mon rêve : l'arabe. Les autres allaient en bibliothèque quand ils le voulaient ; moi, c'était toute une organisation car je devais toujours être accompagnée. Combien de fois me suis-je retrouvée impuissante quand je me heurtais à l'impossibilité d'aller consulter des archives à l'autre bout de la ville... Je ne pouvais pas non plus, comme eux le soir, aller me détendre à la terrasse d'un café : je réintégrais mon poumon d'acier. Il n'y a pas d'improvisation dans ma vie. Elle n'existe plus. S'il faut improviser, c'est la panique. Il y a des projets, mais pas d'improvisation. Je suis aussi efficace que les autres, mais sur le long terme. Le jour de la soutenance de ma thèse, face à un amphithéâtre bondé, est un moment de fierté inoubliable. Pendant quelques heures, je me suis sentie à égalité. C'était une sorte d'adoubement pour moi.

Il m'a fallu accepter. Tous les jours. Je ne peux pas faire plus, je ne peux pas faire autrement. Je le constate, je le déplore et... je positive. Sinon, le risque est de tomber dans l'amertume. Le piano était une vraie passion depuis l'enfance. Je voulais en faire ma profession. Mes parents m'avaient découragée, pensant que c'était un métier trop instable. J'ai du mal à revoir des pianos, même à la télévision. C'est comme l'eau. J'aimais faire de la voile, nager... Le piano et l'eau, j'ai encore du mal à en parler. Ce sont deux blessures que je n'ai pas pansées. Les occasions de plonger, je les évite. J'ai une grande chance : lorsque je vois quelqu'un qui va se jeter à l'eau, je ne l'envie pas. J'ai compris que ce n'est pas pour moi. Il a une chance qu'il devrait saisir et savoir apprécier. Mais je sais par expérience qu'on ne le fait pas. Il faut se méfier des souvenirs heureux, ils peuvent détruire. J'ai trouvé d'autres plaisirs. Mes joies sont devenues plus intérieures qu'extérieures. Il faut voir les choses en face : j'ai eu la chance d'être une intellectuelle. Si j'avais eu un passé de basketteuse ou de couturière... Positiver, c'est mon rempart contre l'aigreur.

La vie, c'est tout à fait autre chose que ce que j'imaginais. J'avais une vie facile, je me plaignais au moindre chagrin d'amour, tout me paraissait dû. J'étais superficielle. Je n'avais pas compris que la vie est un cadeau. Je m'en suis aperçue trop tard. La pire chose, c'est de perdre le cadeau de la santé. On regarde le coût de la santé alors qu'elle n'a pas de prix.

Il y a des luttes pour la vie qui valent le coup. Si tu ne te bats pas, tu finis comme une loque. Les objectifs, on les repousse toujours plus loin. On peut toujours en inventer de nouveaux. La maladie a aiguisé mes exigences. J'étais une épave et m'apprêtais à vivre une vie de grabataire. J'ai voulu aller plus loin et faire autant de choses qu'un valide. Comme si je pouvais dépasser toutes mes limites. C'était un piège. La vie s'est d'ailleurs chargée de m'arrêter. Aujourd'hui, je cherche modestement à venir en aide à ceux qui ont moins de force que moi pour traverser la maladie, mais aussi, tant que mes yeux me le permettent – je suis en train de perdre la vue –, je fais de la création littéraire. Mon dernier livre, *Les Vagues sur le lac*, avance dans ma tête jusque dans mon poumon d'acier. J'ai choisi ce titre parce qu'une vie tiède, sans hauts et sans bas, sans pointe et sans creux, je ne l'aurais pas supportée. Les creux de la vague, je les ai provoqués, désirés, je n'aurais pas pu vivre autrement.

Le courage est libérateur. Tu as une énergie que tu as besoin de déployer. Tu dois faire face, t'en sortir, même temporairement. Tu peux être dépendant et être très libre. Je suis indépendante car je refuse la dépendance. Aux handicapés qui me demandent des conseils, je pose toujours la même question : « Vous sentez-vous dépendants ? » Si la réponse est oui, on ne peut pas aller très loin. On ne peut pas être indépendant à la place de quelqu'un qui ne fait pas l'effort de l'être. La plus grande dépendance est morale. Celui qui se sent dépendant est foutu.

Mes tierces personnes (elles se relaient à deux toute la journée) le comprennent vite. Elles sentent que je suis libre dans ma tête, bien que je dépende d'elles pour le moindre de mes mouvements. Leur présence est vitale pour moi. Même s'il faut la gérer. Certains se plaignent de solitude ; moi, c'est de non-solitude. Le soir, quand ma sécurité est assurée et que je me retrouve seule, je me sens bien. Je manque de moments à moi. Je vis par l'autre, je suis obligée de compter dessus. Sa présence est parfois pesante, d'autant que je vis dans une seule pièce, sans cloison. Je me souviens de la pertinence d'une journaliste qui m'avait dit : « Madame, vous n'avez pas de vie privée… »

J'ai conscience d'être mon pire ennemi. Avec cette envie de tout laisser tomber, la lassitude du combat quotidien. Heureusement, ces moments de découragement ne durent jamais longtemps. Mon équilibre moral a subi beaucoup d'épreuves et, ce qui m'a aidée de façon fondamentale, c'est l'harmonie de ma jeunesse, l'entente d'une famille équilibrée. Je n'en ai pas toujours été consciente. Cela m'a donné une apparente force tranquille qui a sauvé les apparences dans les moments invivables. Je dois aussi reconnaître que je suis entourée de personnes qui attendent beaucoup de moi. Je suis entourée d'amour. J'aime et je suis aimée. Cela fait partie de chaque heure de ma vie. Je connais des handicapés qui ne sont pas aimés. C'est béant. Je considère que mon entourage a aussi le droit d'être encouragé pour pouvoir continuer à m'accompagner. Ce que je ne fais pas pour moi, je le fais certains jours pour eux. Ils ont besoin d'espoir autant que moi. Sinon, comme moi, à la longue, ils risquent de se décourager. Dire « je vais mal » ne sert à rien. Ils vont compatir mais n'auront pas de solution. Le souci de ne pas trop peser sur les proches est permanent. Car je remarque que, parfois, l'entourage vit les choses plus mal que moi. Nous, les handicapés, nous avons comme une force qui nous porte, une foi en la vie.

J'ai eu peur de m'engager dans une vie amoureuse : je ne pouvais pas risquer de m'écrouler. J'ai vu tellement d'amis tétraplégiques souffrir. J'ai toujours eu des hommes dans mon entourage, de belles amours platoniques. Je me suis interdit de penser à l'idée d'une construction avec quelqu'un. L'autre doit avoir sa vie, sexuelle notamment, à côté. Je ne suis pas sûre que je l'aurais bien vécu. Il faut être tolérant. En aurais-je été capable ? Je n'ai aucun regret de ce côté. Je prends des risques physiques et moraux. Mais je n'irai pas me déstabiliser pour une histoire d'amour. J'ai assez d'amour autour de moi.

La qualité de vie est une notion très subjective. Chacun va demander des choses différentes. Certains voudront une voiture quand d'autres se contenteront d'une visite par mois qui leur sert de repères. Mes critères sur la qualité de vie ont beaucoup évolué. Plus tu en as, plus tu en veux. Au début, je voulais seulement sortir dans le jardin sentir le soleil. Puis j'ai voulu sortir tous les jours. Puis aller faire des courses, aller travailler. Mes objectifs devenaient de plus en plus précis. Aujourd'hui, mon horizon se réduit mais je n'en souffre pas trop. J'ai seulement peur pour mes yeux. Si je devais arrêter de lire et d'écrire, ce serait l'épreuve de trop. Il y a des jours où il faut surtout du courage pour rester. Mais, même pour partir volontairement, il faudrait encore que j'aie recours à un tiers pour débrancher l'appareil...

Mes qualités sont pour beaucoup des faiblesses que j'ai peu à peu transformées. Il me reste des leçons à apprendre. Ainsi, j'ai toujours attaché beaucoup d'importance à la présentation. Avant tout, je dois être pimpante, tirée à quatre épingles. Cela peut sembler superflu. Mais je garde la coquetterie comme une forme de dignité. Bien se présenter à l'autre. Sourire. Ne pas s'autoriser à être négligée. De même, l'orgueil de ne pas inspirer de compassion m'a donné le goût du dépassement. J'en perçois aujourd'hui les limites... La vie aurait dû m'amener à avoir plus d'humilité. Mais mon orgueil l'empêche de trouver sa place. On veut toujours croire que, dans la vie, on pourra se débrouiller seul. Or je suis toujours dépendante de quelqu'un. Dépendre de l'autre, c'est apprendre à être humble. Ce que tu vis dans ta chair ne se partage pas. J'ai été obligée d'être très dure avec moi-même pour me pousser. Du coup, je l'ai été aussi avec les autres. Dure et parfois pas assez aimante. Je ne sais pas exprimer, prouver mes sentiments. Mon handicap est là aujourd'hui : je ne sais pas dire les mots d'amour. J'ai besoin de prétextes comme les anniversaires... Pendant longtemps, le non-dit a été une façon de garder ma dignité. Aujourd'hui, c'est devenu une faiblesse. Je suis consciente que quand je mourrai, je n'aurai pas fini de chercher à remonter la pente.

Le soleil est partout. À condition de le contempler. Sinon, il n'est nulle part. Pour moi, le soleil, c'est l'espoir. C'est l'horizon qui ne s'obscurcit pas trop et qui me permet de poursuivre ma route. Je me suis beaucoup occupée des autres. J'ai été présidente de sept associations pour handicapés. J'étais pleinement dans la vie des autres. Aujourd'hui, j'opère une sorte de repli, j'ai envie de m'occuper un peu de moi. Je pensais que si je cessais ces activités, je le vivrais mal. Ce n'est pas le cas : ce n'est pas un manque, c'est un changement. Il faut savoir partir. Il est temps que je prenne un tournant avant de partir définitivement. Ce tournant me donne de la joie.

Si tu ne peux pas être une étoile au firmament,
sois une lampe dans ta maison.
Proverbe arabe

6

Franco Zecchin : L'esprit nomade ou le courage d'affronter l'inconnu

Qui n'a pas vu une route à l'aube
ne sait pas ce qu'est l'espoir.
Georges Bernanos

Franco Zecchin a les semelles en suspension et sa vie est un voyage : dans un esprit nomade, il cherche à reculer et à affiner sans cesse ses perceptions de la réalité. Photo-journaliste, cet Italien s'engage avec son appareil photo comme seule arme, il dévoile ce qui se dissimule, il force les regards tièdes. À Palerme, tel David contre Goliath, il a, pendant des années, dénoncé et abîmé l'image de la mafia. Il est parti en guerre contre le secret, le caché, il a risqué sa vie pour montrer le réel. Pour lui, les cris silencieux des images atteignent un plus grand public et dérangent plus que les discours.

Après quinze ans de guerre contre la mafia, il quitte tout, sa femme, son pays, ses amis, et s'installe à Paris. Aujourd'hui, il poursuit son exploration de la réalité en suivant pendant des mois, en témoin respectueux, les pérégrinations des peuples nomades à travers la planète… Encore et toujours, il prend ses responsabilités dans le monde.

« *L'âme dynamique aime lever le camp, étouffer le feu, éparpiller les cendres et prendre la route ; elle aime moins le lieu quitté ou rejoint que le déplacement, la translation, l'état intermédiaire, l'entre-deux* [7]. » Partir est pour lui une nécessité, une façon de respirer, d'être vrai. Voir ce qui est, ne jamais se figer. Franco Zecchin cherche inlassablement au-dehors le reflet de ce qu'il est au-dedans. Il part traquer la réalité avec l'image, il s'en approche pour raconter, pas pour démontrer. Il passe sa vie à changer de regard, à changer nos regards.

Le réel existe, notre regard ne sait pas toujours le voir et le déforme. Franco Zecchin en cherche toutes les formes, il traque la moindre de ses illusions, c'est tout son être qui chemine. Il n'a pas fait le choix de la radicalité mais celui de la curiosité et de la douceur.

Quand partir pour un voyage dans le réel devient une vocation…

---

7 Michel Onfray, *Esthétique du pôle Nord*, Grasset, 2002.

Paris 18ᵉ, dans l'atelier de Franco Zecchin,
mars-avril 2002.

Je suis né à Milan, d'une mère sarde et d'un père de souche paysanne, qui avait émigré très jeune de Padoue, en Vénétie. La famille de mon père travaillait à la ferme, lui ne voulait pas de cette vie-là et a pris la décision de partir à Milan où il est devenu cheminot. J'ai hérité de cette idée qu'il est possible de couper ses racines familiales. Chez nous, cela n'est pas déchirant comme cela peut l'être pour certains. J'ai détesté Milan dès que j'ai eu l'âge d'avoir une opinion personnelle. La sensation d'un petit provincialisme hypocrite. Aussi loin que je me souvienne, j'ai toujours voulu partir. En tant que fils de cheminot, j'avais droit à cinq mille kilomètres de train gratuits par an, en première classe, et j'en profitais.

Dès l'âge de dix-sept ans, je me suis assumé financièrement et j'ai aspiré à une autonomie de déplacement par rapport à ma famille. Je n'ai pas rencontré d'opposition forte. J'ai eu de la chance. Je ne me sentais pas lié à un lieu, à une tradition, à une culture. Je me considère comme un déraciné de la terre. Je ne revendique pas de racines localisées, seulement une identité méditerranéenne. C'est à partir de celle-ci que j'interroge le monde et me confronte aux autres identités.

J'ai toujours voulu aller au-delà des différentes interprétations du monde. J'ai choisi de commencer par étudier la physique nucléaire. Je voulais comprendre comment la science explique les phénomènes de la nature et de l'univers. De la cosmologie jusqu'à l'atome. Du big-bang jusqu'à l'antimatière. Car ce sont là les limites de notre description scientifique. Au-delà, il n'y a plus de perception possible. On ne connaît que la partie émergée de l'iceberg. Et l'on perçoit qu'au-delà il reste encore plus à découvrir. J'ai donc commencé par trouver la limite de la science.

À vingt ans, mes amis ont commencé à partir pour aller en Inde, c'était dans l'air du temps. Je les voyais revenir et j'écoutais leurs récits. Là-bas, ils avaient reconstitué des communautés d'Italiens, de Français… Je trouvais cela dommage d'aller si loin pour reproduire des carcans enfermants. Il vaut mieux partir seul, cela oblige à aller vers les autres. On ne voit pas et l'on n'est pas vu de la même façon. À deux, déjà, on partage une même langue, on constitue un noyau d'étrangers. Si je veux entrer en relation avec une réalité autre, cueillir la différence, il faut perturber le moins possible, être léger – matériellement et mentalement – pour avoir le moins d'impact possible sur la réalité.

Je dois être souple pour m'adapter. Ce n'est pas à l'autre de s'adapter à moi, sinon cela influence sa façon de paraître et je ne peux plus toucher la réalité. C'est le principe de l'indétermination, bien connu en physique. On le retrouve aussi dans les philosophies orientales : nous sommes tous interdépendants, intercommunicants, nous nous influençons mutuellement. Le chercheur qui observe des phénomènes modifie, par le fait même de son observation, la nature de la structure. La séparation entre soi et les autres est encore linguistique, culturelle. Cela nous aide à vivre, à survivre, mais ce n'est pas la réalité. Ce n'est qu'une interprétation de la réalité.

Je suis alors parti sept mois en Afrique. J'ai traversé cinq fois le Sahara avec des itinéraires différents. Je n'avais pas pris de billet de retour, je voulais laisser les choses ouvertes, rester libre. Dans le désert, j'ai trouvé le paysage idéal. Dans cette raréfaction absolue, on arrive à affiner sa perception de façon assez poussée. On est dans une sensation de vide, on ne voit rien ni personne. Mais ce n'est pas vrai. Il y a des gens qui vivent là. Et s'ils vivent là, c'est qu'il y a des ressources. Il n'y a pas « rien » dans le désert. Pour trouver l'eau, les nomades voient des signes que nous ne voyons pas. De même, les nomades de Sibérie ont une quantité de mots précis pour parler de la neige : elle est ancienne, molle, mélangée avec de la boue... Ce n'est pas un mot indifférencié, comme pour nous. Notre perception est liée au langage, à notre culture, on en revient toujours à cela. Notre paradigme se construit en verbalisant.

J'ai aimé les gens du désert car le désert les contraint à être attentifs à l'extérieur, à la nature, cela modifie les caractères. J'ai trouvé en eux quelque chose d'authentique. L'humanité entre dans un rapport d'authenticité avec elle-même quand elle prend conscience qu'elle fait partie intégrante de la nature qui l'environne. Il n'y a pas de séparation, pas d'obstacles, pas de séparation\différences entre la nature de l'homme et la nature extérieure, et ces gens ont compris cela. Ce n'est pas une vision bucolique, je ne suis pas et n'ai jamais été un romantique. Le nomadisme n'existe pas. C'est simplement une adaptation de la vie aux ressources...

La curiosité m'a ensuite poussé vers la côte, le Ghana, le Togo. J'ai alors fait l'expérience d'une forme de société corrompue. C'étaient de jeunes pays qui sortaient du colonialisme. La forme étatique leur avait été imposée de l'extérieur. La contamination de l'Occident avait corrompu leur identité sociale, leur moralité. Il n'y avait pas de règles morales. Je me suis trouvé en friction. Ma réaction instinctive a été la révolte et le refus. Mais j'ai compris que si je voulais agir avec efficacité, ce n'était pas ici que je pourrais le faire et j'ai décidé de rentrer en Italie.

En poursuivant mon exploration de la réalité, je me suis rapproché du théâtre. Je n'étais pas intéressé par le spectacle ou la mise en scène, mais plutôt par la recherche dans le domaine de l'expression psychophysique. J'ai alors vécu une expérience avec la troupe de Grotowski. Là, j'ai exploré les émotions dans l'interrelation du groupe. C'était une expérience nécessaire pour moi. Aujourd'hui encore j'utilise certaines connaissances apprises sur scène pour affronter des situations difficiles. Grotowski cherche les limites pour les dépasser. Pour se connaître, il faut s'aventurer dans l'inconnu. Mais l'inconnu existe-t-il ? Le propos est dangereux, ce ne peut pas être une règle de vie. Car il y a bel et bien des limites qui existent et qui nous échappent. Ce sont elles qui donnent du sens à la permanence. Telles des berges, elles nous permettent de reconnaître que cette eau qui coule, et qui n'est jamais la même, est une rivière. Néanmoins, forcer ses limites apporte une usure que l'on paie à la longue. Les acteurs de cette troupe sont tous morts « avant l'âge ». Une vie poussée à l'extrême les a consumés dans leur vitalité, cela s'est retourné contre eux. Je reste vigilant à ne pas dépasser mes limites. Je ne suis pas de la terre, je suis aérien, je peux partir de façon très cérébrale en suivant des déterminations qui ne me mènent nulle part. J'en ai pris conscience avec Grotowski. Chez lui, j'ai rencontré celle qui allait devenir ma femme, Letizia Battaglia. Je l'ai suivie à son retour en Sicile. Elle était alors chargée, en tant que photo-journaliste, de la couverture de l'actualité de Palerme et de sa région pour le quotidien *L'Ora*. Le photographe a une expérience particulière du monde. Il y a des choses, dans le continuum de l'existence, qui le frappent : la lumière, la façon dont les événements se déroulent et s'enchaînent... Il y a une discipline de l'œil qui sélectionne les événements dotés de potentialité.

Aux côtés de Letizia, j'ai alors basculé en douceur vers la photographie. En Sicile, un photo-journaliste qui ne veut pas se mêler de la réalité de la mafia n'a qu'à partir. Comme j'avais décidé de rester, j'ai résolu de m'engager. Cela signifiait être présent sur place vingt-quatre heures sur vingt-quatre, trois cent soixante-cinq jours par an. La photographie met en relation l'intérieur et l'extérieur, et inversement. À l'extérieur, je trouve ce à quoi je veux me confronter intérieurement. De ce contact naît la qualité d'un travail. La seule question intéressante est de savoir : « Qu'est-ce que je porte en moi ? » C'est cela que l'on cherche, plus ou moins consciemment, dans l'art. On ne crée pas du rien. On perçoit ce que l'on peut aller « repêcher » dans notre mémoire, ce qui existe déjà en nous. Nous allons retrouver une à une les briques pour créer. C'est la même chose en peinture et dans d'autres formes de création artistique.

La mafia est une organisation criminelle et terroriste, mais, à la différence du terrorisme politique, elle n'a pas d'idéologie, hormis l'accumulation des pouvoirs et de l'argent. J'ai utilisé mon travail comme outil d'information et de dénonciation. La mafia ne revendique pas d'images, elle ne veut pas paraître. Elle se protège par le secret. Elle est mêlée de façon tellement diffuse à tous les niveaux de la société qu'elle est difficile à identifier.

En utilisant la photographie, nous informions de notre expérience quotidienne de photo-journalistes.

Nous assistions à tout en direct, nous pouvions entrer aux procès, dans les hôpitaux, dans les bureaux de police... Nous avions un regard privilégié, une vision plus complète, qui permettait ensuite au public de se construire une idée personnelle. Nous voulions soustraire à la mafia sa base générationnelle. Nous avons cherché à rencontrer des enfants et nous les avons informés de façon directe, par le biais de la photo. C'est un médium qui a sur les enfants, et sur les personnes peu cultivées, beaucoup plus d'impact qu'une conférence ou un séminaire. La mafia est un phénomène transversal qui touche toute la famille. Nous voulions donner aux enfants la possibilité de grandir avec une autonomie de jugement par rapport à leurs parents. Nous avons organisé des expositions, nous sommes allés dans les rues, sur les places des villages, dans les écoles. Les images fortes déclenchaient ensuite des débats dans les classes.

Au début, le pouvoir dérangeant de notre travail a été sous-évalué par la mafia. Nous restions pour eux des isolés. Quand nous sommes devenus un danger, il était déjà trop tard. Quand on s'engage contre eux, il faut se regrouper. Nous avons alors fondé le premier groupe de lutte contre la mafia, avec des magistrats, des journalistes, des politiciens, des policiers. Notre objectif était d'éveiller les consciences. Nous avons basculé d'un travail de photographe vers un engagement social et sommes devenus des militants anti-mafia. À partir de là, nous sommes devenus efficaces.

Bien sûr, nous étions leur cible, nous avons reçu des menaces et avons même été agressés physiquement. Mais nous savions dès le départ qu'en assistant à des funérailles, à des arrestations, nous prenions le risque que l'autre se révolte. La contribution personnelle peut être forte, il y a eu des morts... De plus, étant identifiés avec un nom et une adresse, nous recevions des lettres, des appels anonymes. Nous n'avions pas de protection et étions parfois obligés, par précaution, de ne pas rentrer dormir chez nous. Dans les situations de guerre, il y a toujours des pré-alertes. Qu'est-ce que la peur sinon une sonnette d'alarme qui alerte l'organisme d'un danger ? La peur, quand elle est justifiée, est utile. Il faut être conscient du danger. J'avais en moi une force, une motivation, qui me permettaient d'affronter les dangers et de traverser ma peur. Je ne pouvais pas rester paralysé...

Je ne crois pas que la peur de la mort soit une peur justifiée, car on ne sait pas ce qu'il y a après. C'est une peur de l'inconnu. Le courage, s'il y en a un, c'est d'affronter cet inconnu. Nous le craignons car il n'entre dans aucune de nos classifications mentales. Il suffit simplement, il me semble, de se laisser aller. Se laisser aller, c'est un travail, c'est se vider, se rendre disponible, perméable à l'inconnu qui vient. Il faut alors diriger cette expérience, lui donner une direction.

Même dans le courant d'une rivière, on peut chercher une direction tout en se laissant transporter. Il faut utiliser la direction du courant, son énergie, pour trouver sa propre individualité. Car enfin, partir, cela revient toujours, en définitive, à affronter ce rapport avec l'inconnu et à s'y ouvrir. Qu'avons-nous d'autre à faire dans nos vies sinon nous déplacer et affronter l'inconnu dans un mécanisme d'ouverture continuelle ? Le pire qui puisse arriver est de mourir, et je ne trouve pas cela très grave. Il est plus important de vivre bien, de chercher à faire de sa vie, jour après jour, quelque chose qui ait un sens. Il n'est pas toujours aisé de garder cette attitude, de maintenir cette détermination dans chaque geste. Mais je reste convaincu que si l'on a bien vécu on peut mourir en paix. Si l'on a des regrets à ce moment-là, c'est que l'on a gaspillé sa vie. De tout petits gestes mis en cohérence peuvent construire quelque chose qui dépasse le quotidien.

Qu'est-ce qui fait prendre conscience de soi ? C'est bien souvent l'image qui est réfléchie par les autres. Après quinze ans de lutte contre la mafia, j'ai rencontré un problème identitaire. J'étais devenu « le photographe de la mafia ». Cette image, trop rigide, me revenait toujours. Du fait de certains mécanismes mentaux, on a tendance à classifier les individus, à leur accoler des étiquettes. Quand les milieux de la presse et de l'édition pensaient à la mafia, on pensait systématiquement à Letizia et moi. Nous faisions partie de l'histoire de la mafia. Les assassinats du juge Falcone et de Borsellino avaient parallèlement amené la société civile et l'État à réagir. Certains mafieux avaient commencé à craquer et, repentis, à collaborer avec la justice. Une période historique s'achevait.

Mais, surtout, mon identité était devenue trop lourde. M'engager m'avait obligé à me fixer sur un territoire. Quand nous partions en voyage avec Letizia, nous avions toujours peur qu'en notre absence survienne un carnage, une arrestation, ou quelque chose d'important. Nous n'avions pas l'esprit libre pour partir. Je voulais reprendre mes voyages et sortir de cette cage : la seule façon était de quitter la Sicile. Tous les grands photographes internationaux ont photographié la Sicile, les habitants des coins les plus reculés de la planète en ont entendu parler. Elle fait partie de l'imaginaire mondial. Je me suis formé là-bas. Dans un sens, ma matrice, c'est elle, et c'est en la quittant que je suis parti affronter le monde.

Je venais d'avoir quarante ans et j'avais envie de casser des choses, de remettre ma vie et ma façon d'être en question. Je voulais retrouver une certaine illusion d'indépendance et de liberté. J'avais passé dix-huit ans avec Letizia, notre couple n'était plus fondé que sur notre activité commune. Nous ne partagions plus assez à d'autres niveaux. Nous n'avions pas changé dans la même direction. C'est ainsi qu'une partie de soi devient peu à peu inaccessible à l'autre. Et, à un moment, cette partie demande à trouver un autre espace. Il est indispensable de savoir partir. Le départ était presque une obligation pour dépasser le malaise profond qui m'habitait. Je suis parti vivre à Paris, capitale européenne de la photographie, en 1993.

Partir n'a pas été un traumatisme. Je vis plutôt dans le présent, j'efface les souvenirs autant que possible, je ne veux pas trop tenir compte de mon passé. Ce que je vis au présent est ce qui donne de l'importance à ma vie ; ce qui me lie à un territoire, c'est mon action présente ; ce qui compte, c'est mon interaction avec le milieu dans lequel je vis. Si mon action a une raison d'être et remplit ma vie et ma soif de curiosités, je reste et je m'engage. Sinon, je pars et je cherche où me fixer. On ne peut pas tout le temps être nomade. Il est dans la nature humaine d'avoir besoin de repères. Et s'il faut savoir partir, s'exposer à l'influence de l'aléatoire, il faut aussi savoir rester, trouver une nouvelle respiration. On ne repart jamais de zéro...

De par mon caractère, je pousse les choses aussi loin que possible. Ce caractère traverse toute ma famille. Nous maintenons une distance, nous respectons les choix des autres, nous nous créons sans doute moins d'obligations que d'autres. Je n'ai jamais eu de liens assez forts pour me retenir en un lieu. Je voyage à travers la planète depuis l'âge de dix-sept ans. Je choisis mes lieux en fonction de mon activité. J'ai besoin de me poser des objectifs. De ce fait, je peux être bien dans n'importe quel pays, même le plus laid.

J'aime me mettre en rapport avec des situations extérieures déstabilisantes, en assumant les difficultés qui dérivent de ce choix. La difficulté est une sorte de fertilisant pour moi, il m'est indispensable de m'y mesurer pour produire le meilleur de moi-même. Je me mets dans des difficultés pour le plaisir de les affronter et de les dépasser. J'aime me confronter à d'autres cultures, aux paradigmes qui les sous-tendent et qui lisent le monde d'une façon différente de la mienne. Pas au niveau théorique mais aux niveaux quotidien et relationnel. J'ai une insatisfaction de base, je ne suis pas un être tranquille. Je garde ma « centralité » mais, en même temps, j'ai besoin de me jeter dans la vague, d'être emporté par le courant. Nous avons trop tendance à nous entourer, dans la vie quotidienne, de gestes et de pensées qui deviennent des habitudes. On ne se rend pas compte à quel point cette routine déforme notre perception.

Mon partir est toujours lié à l'idée du voyage. Je pars pour voyager. Pas pour partir. Comme le dit Éric J. Leed, voyager c'est partir, transiter, puis arriver. Avant le départ, qu'est-ce qu'il y a ? Partir est le résultat d'une maturation, de la réunion de certaines conditions qui conduisent à cela. Ensuite il y a un acte, une décision. Pour un exilé qui part, des milliers restent et ne font pas ce choix. S'il y a du courage dans la décision de partir, c'est tout de même le choix de prendre un risque, celui d'aller vers l'inconnu. Le partir est le symptôme d'une force, d'une tension, d'un choix.

Le voyage est un passage, c'est à la fois une mort et une renaissance. Quand on part, on coupe des liens, on laisse – parfois définitivement – des choses derrière soi, on abandonne le passé en se livrant au futur. C'est une petite mort. C'est aussi une renaissance car on recommence à apprendre comme un enfant, avec étonnement et curiosité, à réagir dans des situations que l'on ne connaît pas. Partir, c'est affronter une dimension inconnue en soi. C'est cela le transit. Le transit transforme le temps. Il abolit le passé et le futur en occupant pleinement le présent. Le temps devient relatif...

C'est pourquoi la condition idéale du voyage est la solitude. Que l'arrivée soit un retour chez soi ou un départ dans un nouveau lieu, c'est de toute façon la fin du voyage. Arriver et tout recommencer m'est arrivé deux fois. La première fois à vingt ans, lorsque j'ai quitté Milan pour Palerme. La seconde à quarante ans, quand j'ai quitté Palerme pour Paris. À Milan comme à Palerme, il ne reste plus de traces de moi, hormis celles que j'ai laissées à quelques personnes. En revanche, il reste en moi des traces de Milan et de Palerme. De même, il me reste des souvenirs de tous les pays que j'ai traversés. Je les ai en moi. Je ne peux pas décomposer cet ensemble de mémoires. J'ai tout quitté deux fois, y compris des avantages que j'aurais pu accumuler. La vie sociale est une donnée, rien de plus. Quand j'arrive dans un nouveau lieu, je n'ai plus de certitudes extérieures. Je me fais seulement un nouveau réseau de relations pour survivre, tant professionnellement qu'existentiellement.

Depuis quelques années, je suis les pérégrinations des nomades. Jusqu'à présent, dans le domaine professionnel, j'avais toujours cherché à donner des informations sur des situations dramatiques où la dénonciation directe me semblait importante. Ce travail est lourd psychologiquement : je passais ma vie dans les hôpitaux, les morgues, les commissariats. Je voulais changer d'orientation et travailler davantage sur du positif. Il y a tant de belles choses au monde. Ce peut aussi être un sujet d'informations. Trente millions de nomades vivent dans le monde. Et ils vivent bien, avec un autre niveau de consommation que le nôtre et, depuis des siècles, ont un rapport équilibré avec la nature. Ils ont développé une économie exploitant une nature marginale. Ils s'adaptent à des lieux et se déplacent pour ne pas épuiser les ressources naturelles. Nous, nous épuisons nos réserves et celles des autres. Les nomades sont aujourd'hui menacés. Leur équilibre ancestral est mis en danger par l'expansion de l'urbanisme, par l'économie intensive qui s'approprie leurs meilleurs territoires, sans compter la politique de sédentarisation des États. Ce sont des sociétés de culture orale, leur culture se fonde sur un accès direct à leur territoire. S'ils perdent leurs territoires, ils perdent leurs cultures, ils deviennent des exclus des bidonvilles et sont les derniers à avoir accès aux ressources. Alors je les suis, pour montrer comme ils vivent bien et comment nous sommes en train de les écraser.

Avoir l'esprit nomade, c'est donner la priorité à l'être sur l'avoir, c'est chercher les richesses dans les relations plutôt que dans la possession, c'est enfin avoir la liberté de laisser à tout moment toute chose derrière soi. Pour cela, il faut être léger, ouvert, disponible et réceptif. Ces sociétés nous donnent une leçon d'humilité. Je me souviens d'un camion au Sahara sur lequel était inscrit : « L'homme propose, Dieu dispose ». En un sens, les nomades ont une extrême liberté. Ils partent quand ils le veulent, mais leurs décisions sont toujours prises en fonction du climat, des ressources, des changements de temps. Ils ont une culture qui leur permet de relever tous les indices de la nature pour prendre la bonne décision au bon moment. Partir dans la mauvaise direction pour aller puiser de l'eau, c'est s'enfoncer à coup sûr dans la sécheresse et dans la mort. Ils ne prennent pas d'initiatives, ils se contentent d'être réceptifs : le désert, de sable ou de neige, n'est pas vide, il est plein d'indices, de traces de vie pour qui sait les lire.

Aujourd'hui, je suis marié et j'ai deux enfants. Avec eux, j'ai pris un nouvel engagement. Je ne peux plus voyager autant que je le veux ni dépenser tout mon argent là-dedans. Mais l'expérience des enfants est un autre voyage. Il y a là aussi un autre monde à découvrir, une mise en discussion continuelle des certitudes. C'est aussi un travail d'attention et de concentration sur la mémoire. L'enfant permet à l'adulte, s'il le souhaite, de revisiter certains passages de son enfance. Cela peut avoir une fonction très importante dans la vie d'un homme : récapituler sa vie à travers l'expérience de ses enfants. Avoir des enfants est un choix et une responsabilité, mais je ne renonce pas à être moi pour autant. Il faut apprendre à être sûr de soi et à ne pas avoir besoin d'autre soutien que la vie que l'on s'est choisie.

Celui qui sait marcher ne laisse pas de traces
Lao Tseu

7

Sylvie L. : Le courage de regarder la vie en face

L'humanité totale a besoin d'un tourment
Qui la travaille avec fureur, comme un ferment,
Pour élargir la vie et soulever sa force
Émile Verhaeren

S'évader dans la drogue, c'est partir, transgresser, quitter les lois du groupe. Parce que la « *pathologie de la dépendance est une pathologie de la relation* [8] », s'en libérer se fera donc d'abord seul. En effet, avant de réapprendre pas à pas à vivre avec les autres et à poser des gestes quotidiens apaisés et simplifiés, il faut réveiller un instinct de vie éminemment solitaire. Retrouver l'envie et le plaisir de vivre car l'on s'accorde enfin le droit de vivre.

---

8 Albert Memmi, *La Dépendance*, Folio, Gallimard, 1979.

La difficulté ne s'arrête pas là : pour quitter la dépendance, il faut accepter bien souvent de tout quitter. On en trouve la force dans le « *cadeau du désespoir*[9] ». Ça passe ou ça casse. Si ça passe, la vie ne « manque » plus...

Certains retardent le moment de regarder la vie en face. Ils la trouvent laide. Peut-être surtout pensent-ils ne pas avoir les armes pour la rendre belle. Sylvie L. était terrorisée par le quotidien, dégoûtée par la routine. Alors, elle les a fuis et s'est anesthésiée en plongeant dans la drogue. Cela aurait pu être le jeu ou le sexe. Et puis, un jour, c'est d'elle dont elle s'est dégoûtée. Elle se croyait surpuissante, elle s'est vue comme un petit bout de chiffon. Après avoir vécu plus de dix ans de et par la drogue, elle a parcouru le chemin où elle s'est autorisée à vivre tout court, rien que pour elle.

Elle a choisi les intransigeances de la nature et de l'altitude pour reprendre son souffle après sa longue errance. Elle a choisi de soulever ses faiblesses pour s'offrir une histoire dont elle est fière. Glaise longtemps travaillée, cette autodestructrice presque réconciliée avec elle-même est devenue l'un de ceux qui donnent l'envie et le courage de penser qu'il n'est pas de mauvaises herbes qui ne s'arrachent avec les mains...

Elle a quarante-cinq ans, les cheveux tout courts et les yeux encore trop souvent baissés. Elle aime les cosmétiques, les magasins Tati, les films de science-fiction, la mer et les vestes en cuir. Son petit garçon a huit ans.

---

9 Pascale Senk et Frédérique de Gravelaine, *Se libérer des dépendances*, Marabout, 2002.

Il adore la nature, surtout les poissons. Elle a le courage d'être belle et fragile comme elle est.

Sylvie L. n'avait jamais vraiment mis de mots sur « ça ». Gratter ? Pourquoi ? Tous les souvenirs ne sont pas bons. Surtout lorsqu'on est trop occupée, enfin, à vivre au présent. Elle a plongé pendant plus de dix ans. Aujourd'hui, elle ouvre la porte taboue, les yeux ici et ailleurs, grands ouverts. Elle est revenue de son voyage en y gagnant une douceur et une gravité. Elle aura toujours ce bout abîmé, sans illusion. Mais aussi, elle gardera toujours cette fierté d'un coup de rein qui sauve la vie. C'est le cadeau de naissance qu'elle a silencieusement offert à son fils.

Elle a compris que ce sont d'abord les petites choses de la vie qui sont belles. Elle en profite et, depuis, elle a moins peur.

Paris, octobre-décembre 2001.

Je ne parle pas de mon passé à ceux que je rencontre aujourd'hui. Je porte la même tâche, la même marque qu'une pute qui s'en est sortie. J'ai changé de registre, en silence, par peur que les gens ne stigmatisent. Il y a toujours un soupçon. Comme si nos errances nous marquaient au fer rouge... Je garde le souvenir d'une décision de rupture très soudaine. Ma vie se dégradait depuis des années. Je crois qu'il y a simplement eu un paroxysme qui a conduit à un acte : certains se tuent, moi je suis partie dans un petit village de montagne, au fin fond de nulle part. Je me suis dit, c'est ma dernière chance, ma seule chance. Les choses se sont faites de façon précipitée. Parce que c'était urgent, une question de survie : il me fallait trancher, je sentais que je mourrai. J'avais besoin de reprendre le fil de ma vie et la maîtrise des événements. Je ne voulais pas tant changer de vie que me la réapproprier. Je sentais qu'il y avait une bataille à mener, quelque chose de plus beau à réussir. Partir dans la drogue, c'est fuir le monde. Je voulais enfin aller à la rencontre du monde, je voulais me retrouver. Ma décision était prise, c'est moi qui avais choisi. J'avais déjà essayé à plusieurs reprises de m'arrêter. Mais je retrouvais le même univers et je replongeais. Il faut changer de décor. Alors je l'ai fait.

La nature était magnifique. L'été précédant mon grand saut, j'étais venue y passer quelques jours. J'avais fait une promenade solitaire dans la montagne. La magie avait opéré. J'entendais la rivière qui coulait, je voyais le ciel bleu, je sentais un autre monde. Je m'étais posée et dit : « C'est de ça dont j'ai besoin. Un jour, je reviendrai ». Près de la nature, je sentais que des valeurs pouvaient se remettre en place. Une autre naissance me paraissait enfin possible. Arrêter de me regarder le nombril. Là-bas, les jours de pluie, c'est joli, on voit les couleurs, des chemins avec des aiguilles dorées, les arbres rouges, une autre luminosité. Ça éclaire. La nature est équilibre et sens et, près d'elle, je pouvais tout réapprendre.

Deux semaines avant de tout quitter pour mes sommets, j'ai appris que j'étais enceinte. À mon âge, trente-six ans, être enceinte, c'était salvateur. Quelque chose d'essentiel se passait. J'allais chercher la vie et je portais un enfant ! Là, nous tenions notre chance, lui et moi... Partir à l'autre bout du monde pour changer de vie est quelque chose de vain : les problèmes suivent... C'est la volonté de changer qui fait tout. Je savais que j'avais des choses à offrir. Partir, c'était offrir à l'enfant à naître une croyance en la vie. Je savais qu'elle valait le coup d'être vécue. J'ai annoncé à mes parents au téléphone que je partais, sans appartement, sans travail et enceinte. Après un silence, mon père m'a répondu : « Il portera notre nom ». Dans notre famille, il n'y avait pas d'enfant à venir. Tout ce que cette phrase signifiait entre les lignes !

Jusqu'à présent, j'étais considérée comme une paria. Et subitement, je me retrouvais porteuse de l'avenir de la famille. Cela m'a soutenue. Cela me donnait une image valorisante de moi. C'était nouveau.

Chez nous, il y avait un manque de confiance. Mes parents m'aimaient mais ne me faisaient pas confiance. C'est une question sans doute de génération. Ils étaient dans l'optique : « il faut, tu dois ». Le plaisir est un gros mot dans notre milieu... Il fallait faire des études – j'ai fait des études supérieures –, bien se tenir... Je ne parlais de rien, je ne posais pas de questions. Je ne me sentais pas reconnue, pas regardée, alors j'ai eu du mal à me reconnaître moi-même. Sans vocation particulière, sans hobby, je ne savais pas identifier ce qui me faisait vraiment envie dans la vie. Entre ces « il faut » et moi, il y avait un vide immense, je ne savais pas me situer. La porte était grande ouverte... Avec la drogue, j'ai tout eu d'un coup. Elle résolvait mes problèmes en les supprimant : elle répondait à tous mes besoins et je n'avais plus peur de rien, d'aucun contact. En fait, je n'avais plus besoin de contacts. Je me suffisais enfin à moi-même. Je connaissais des moments de plaisir intenses qui duraient, duraient. J'ai compris depuis qu'accepter de grandir, c'est accepter que le bonheur ne dure pas...

J'étais intellectuelle, élitiste, je me voulais différente, la drogue me rendait forte, je pensais défendre ma liberté. Je voulais tout réussir toute seule. C'était le point faible. Aujourd'hui, ma colère contre les autres est tombée, la modestie m'est venue. J'entrevois à quarante-cinq ans la possibilité de demander de l'aide. Je sais aujourd'hui que l'on ne s'en sort pas tout seul. Je comprends que je dois aller consulter un psychothérapeute. Je vivrais bancale sinon.

Je me suis droguée intensément, pendant de longues années, peut-être dix. J'ai commencé par amour. J'ai connu la drogue à travers un homme, Alex. J'ai cru atteindre l'union parfaite. Puis la poudre a pris le dessus et a foutu notre amour en l'air. Quitter la drogue, c'était quitter mon amour. Nous avons essayé ensemble de nous en sortir, nous prenions à tour de rôle l'initiative d'arrêter. Combien de fois nous sommes-nous dit : « C'est le dernier, j'arrête demain » ? Mais il revenait immanquablement dans la même trajectoire et moi je perdais mes forces à petit feu. J'avais d'autres ambitions personnelles.

Il y a eu des coups de reins. Mais ce n'étaient plus que des sursauts de conscience. Nous ne voyions même plus que nous n'étions que des déchets. Avant d'aller déjeuner chez mes parents, le dimanche à midi, je me maquillais dans la voiture pour donner le change. C'était flagrant, tout le monde ne voyait que ça, sauf moi. C'est comme si j'avais disparu, je ne me voyais plus dans la glace. Je voyais les rapports se dégrader, je comprenais qu'il n'y avait plus de partage. La drogue casse les mots, la communication n'existe plus. Il n'y a plus de dialogue. J'avais l'intuition qu'il fallait faire quelque chose, mais, malheureusement, les moments de lucidité n'étaient que ponctuels.

J'ai continué à travailler jusqu'au bout, dans une administration, mais c'était de plus en plus chaotique. Alex y arrivait mieux, il était très courageux pour ça. Moi, cela m'a très vite paru inintéressant, j'avais de plus en plus de mal à partir pour y aller le matin. On commence la drogue pour le plaisir, mais l'on continue pour fuir les conflits de couple, un travail sans intérêt. Pour ne plus voir la réalité qui se dégrade. Je n'étais plus capable de prendre la moindre décision me concernant. Se droguer, c'est se gâcher, on n'est plus dans l'humain. On est dans des mots de bataille et de fin du monde, pas dans des mots d'humanité. Quand je vois comme la vie est vraiment dure pour certains, je me dis que j'ai assez pesé sur le mauvais côté de la balance. Désormais, je cotise de l'autre côté !

Je n'avais pas peur de la mort. Les hallucinations me donnaient une fausse vision des choses. Parfois, la mort était même envisagée comme un véritable soulagement. Elle me paraissait douce et reposante à côté de ma vie.

Je la côtoyais au quotidien. Il y a tous ceux qui tombaient à côté de nous, sida, overdoses, suicides... Pendant de brefs éclairs de conscience, je pressentais que j'étais en train de tout gâcher, que je m'acheminais doucement vers l'irréversible. La seule vraie peur que j'avais était de ne pas avoir de drogue. Tu n'en as pas, tu meurs. J'étais tout le temps en colère, toute cette vie était si violente. Il fallait trouver de l'argent, il fallait trouver de la drogue, je niais mon corps, j'étais dans le déni de moi-même en permanence, je ne respectais plus rien. C'est du sordide qui tue tout : si un ami a une overdose, on hésite à appeler les pompiers, car ils vont aussi appeler la police... Je voyais des couples se déchirer et laisser leurs enfants en bas âge pour aller chercher une dose. Je côtoyais des délinquants, des truands ; je n'avais plus aucun amour-propre. Quand j'ai quitté la drogue, j'ai coupé les ponts radicalement avec Alex. J'ai quitté quelqu'un que j'aimais. Il n'avait pas le désir de s'en sortir. Je crois qu'il y est toujours. C'était il y a neuf ans...

En partant, en fuyant, je ne cherchais pas quelque chose de définitif. Je pensais rester deux ans dans mon coin de nature, le temps de me remettre debout. J'y suis restée sept ans. J'aurai pu souffrir de la solitude ou de l'ennui. J'avais des ressources personnelles que je ne savais pas si grandes. À aucun moment, je n'ai été sûre de m'en sortir. Pourtant, autour du « je suis partie », il y a eu une ère intermédiaire, un état transitionnel, où je n'étais encore nulle part. Ma vie était vide, il ne se passait plus rien, je recommençais à zéro. Cela aurait pu échouer. J'ai frôlé, frôlé la limite...

Dès que j'ai pu, j'ai cherché et trouvé un emploi. J'avais aussi un logement. Il n'y a pas mille choses qui aident vraiment. Un logement et un travail, c'est fondamental. Je vivais en haut du village. Tout l'hiver, il fallait inlassablement déneiger, s'occuper de couper du bois pour la cheminée. C'est physique, ça mobilise et ça maintient. Pour aller au travail, j'étais obligée de faire ma toilette, de me maquiller, de m'habiller. Plus tard, pour mon fils, je devais aller régulièrement chez les médecins, l'amener à l'école, lui faire des soupes de légumes et non pas décongeler des pizzas. Ce sont les gestes ordinaires des gens en bonne santé, mais moi j'étais une débutante. Rester en contact avec le social, c'est essentiel pour s'en sortir. Il me fallait refaire ma vie jusque dans les gestes les plus anodins. Quand on est drogué, l'alimentation est anarchique. On ne mange pas grand-chose et beaucoup sucré. J'ai réappris à me préparer un petit déjeuner, à me fixer et à respecter des horaires de repas. Avant, passer ne serait-ce qu'une heure à faire de la cuisine m'aurait épuisée comme des années de travaux forcés. J'ai découvert que j'avais de la volonté et une force de caractère. À chaque victoire, je me disais qu'il y en avait une autre à venir. Je réapprenais à vivre et à me faire confiance pas à pas. Concrètement, les choses se résumaient à ne pas pleurer, ne pas se plaindre, se battre. Si j'avais un objectif, je pouvais aller au bout. Et plus je tenais, plus j'avais de chances de m'en sortir. Tout tournait autour de ça : tenir. En attendant que mon cerveau et mon corps évacuent.

Pour reconsolider le terrain de base, c'est long, long comme des années. L'épée de Damoclès est toujours dans l'ombre. Mais j'ai appris peu à peu que la réalité est ce qu'elle est, et qu'il ne faut pas fuir notre vie. Elle est là, pas ailleurs. J'ai appris à devenir un être humain parmi les humains, j'ai compris que les choses n'étaient pas forcément parfaites, que l'on peut échouer dans les relations, mais que cela ne tue pas, que le quotidien, l'ordinaire, ce n'est pas médiocre... J'ai cessé d'être méprisante. Je suis devenue actrice de ma propre vie. Dans la drogue, je subissais. J'ai appris à vivre, c'est tout, vraiment tout.

La créativité a été une vraie bouée. J'ai essayé de me tourner vers le beau. L'écriture. Celle des autres et la mienne. Je passais des heures, des nuits à écrire. C'est la nuit qui est la plus dure à gérer car, le jour, j'étais dans une certaine dynamique sociale. Physiquement, c'est indescriptible ce que cela a été dur. Il y a des choses qui sont très longues à récupérer, comme le sommeil. Pour compenser le manque, dans les moments les plus durs, je buvais de l'alcool. Je me saoulais, j'écoutais de la musique et je dansais. Il fallait que je remplisse mes nuits, que je m'épuise pour trouver le sommeil. Comme une thérapie, j'avais besoin de choses physiques. Cela a duré des mois... Dans mon roman, je décrivais la fin d'un monde. J'ai utilisé tous mes ressentis. Dans l'acte d'écrire, j'étais enfin ailleurs. J'ai aussi lu beaucoup de poésies. À voix haute. Cela remplissait l'espace d'une belle musique, d'émotions. J'adorais aussi le théâtre de Racine. Il me fallait des sentiments nobles, du grandiose, mais aussi de la simplicité, que je trouvais dans les mots de Prévert. Il me fallait de tout pour emplir l'espace...

J'étais seule mais je n'avais plus d'ennemis dangereux et, dans une certaine mesure, je connaissais des gens et je savais que je pouvais les appeler au secours. La présence de l'autre prenait enfin son sens. J'essayais de ne pas être une épave pour ceux que je côtoyais. Il y en a qui portent un poids de solitude démesuré. Même déprimée, j'ai toujours dit bonjour avec un sourire à mes voisins de palier. Je n'aime pas le laisser-aller. Je me suis inscrite dans un club de gymnastique. C'était ma nouvelle vie, je m'y sentais presque chez moi. Une fois la décision prise, le combat a été douloureux, mais assez vite gagné en fait.

À la fin de ma grossesse, j'ai appris que j'avais une maladie virale. Cela aurait pu être le sida... Je me suis demandé si je n'allais pas crever ici, dans les montagnes, toute seule. C'était un autre combat à mener. La drogue est un processus qui en appelle d'autres. On prend des drogues dures, des douces, on fume, on boit, on prend des pilules pour se réveiller, d'autres pour s'endormir... J'ai tout arrêté, cigarettes, café, alcool. À ce moment-là, la drogue me paraissait déjà une histoire ancienne, j'avais opté pour une autre vie. Mon fils est né, j'ai pris deux années sabbatiques pour me soigner. Le coup de départ de la vie était donné, je devais « assurer ».

Aujourd'hui, tout cela me semble extrêmement loin. Presque comme si c'était une autre vie, celle de quelqu'un d'autre. Cela n'a pas été facile. Il m'a fallu du temps pour réapprendre à vivre. Je suis fière d'avoir réussi à sauver ma peau. La vie a une valeur, je la respecte. Avoir failli la perdre lui donne une valeur inestimable. Il me reste des cicatrices. Il y en est de belles et celle-ci en est une. C'est celle de la maturité. La blessure s'est refermée. Ce sont comme des couches de sédimentation géologique. Si une couche est friable ou molle, elle ne porte pas l'édifice. Me dépasser a renforcé mes fondations : je peux construire dessus.

À mon fils, je confierai des bribes de mon passé quand il aura l'âge de comprendre ce que signifie aimer et changer de vie. Je lui parlerai peut-être quand il sera adolescent, si des dangers, des tentations se présentent. S'il est important d'avoir un domaine privé, de garder des choses rien que pour soi, j'ai commencé à lui parler, avec des mots qui évolueront avec son âge. Pour un enfant, les mots du secret sont toujours bien pires que ceux de la réalité. Je veux lui faire confiance, le respecter.

Désormais, je n'ai plus besoin de puissance. Savoir partager avec les autres, c'est de l'ordre de l'humain. Je n'ai plus de mots de guerre. Même mon vocabulaire a changé.

Avant, je menais une bataille contre les autres, je n'étais pas en paix avec moi-même et la société. C'était la faute des autres. J'ai compris que l'on est responsable ensemble, que c'est la faute de tout le monde et que nos actes peuvent s'équilibrer. De beaux gestes peuvent en contrebalancer de plus médiocres.

Aujourd'hui, je sens qu'il y a des choses que l'on fait qui resteront. Tout est là, tout sera transformé en autre chose. Non, nous ne laissons pas de traces, mais nous avons été responsable à un moment.

Il est grand temps de rallumer les étoiles.
Guillaume Apollinaire

8

Nicolle Carré : Consentir à mourir

Nous ne savons qu'en finir avec la souffrance. Nous ignorons les mondes qui s'y abritent. Ils présentent pourtant d'étranges rencontres avec la joie et c'est se montrer tout simplement fasciné par la souffrance que de vouloir la faire cesser à n'importe quel prix.
Bruno Pinchard

La fin de vie, ce sont souvent ceux qui accompagnent les mourants qui en parlent, trop rarement les malades. Nicolle Carré, soixante-deux ans, psychothérapeute, mariée et mère de deux grands enfants, a vécu l'expérience d'être en train de mourir. Elle aurait pu subir. Elle a assumé et consenti à laisser s'approcher la fin et à faire le deuil de sa vie.

Une première leucémie en 1992 lui donne une irrésistible envie de vivre dont elle ne s'est pas remise. Elle fête sa guérison-rémission mais rechute en 1998. Avant d'être hospitalisée, elle invente un geste surréaliste et créateur : au cours d'un banquet avec ses amis – ils seront cinquante à l'entourer –, elle reçoit le sacrement des malades et fête la vie donnée pour entrer dans la maladie comme on entre dans le mariage, en s'engageant pour le meilleur et pour le pire. À l'hôpital, elle contracte une infection pulmonaire. À la question : « Est-ce que je risque de mourir cette nuit ? », le médecin lui répond oui. On ne pouvait être plus clair. Elle plonge dans un état comateux pendant un mois. Elle en est revenue plus vivante et se laisse, depuis, apprivoiser par la mort. Avec le courage d'avoir peur et que cela se voit, elle va vers les rendez-vous que la vie lui fixe.

Aujourd'hui en rémission, elle pense forcément à la rechute. Elle en a déjà eu une, ce qui lui rappelle qu'elle occupe une place fragile. Elle pense surtout à faire des projets. Devenir analyste est l'un de ses vieux rêves qu'elle inscrit peu à peu dans la réalité. Elle dit que tout, sa vie, sa mort, se joue maintenant. Elle veut mourir vivante. Elle prend la parole pour que son cœur n'explose pas. En l'écoutant, on sent au plus profond de soi ce qu'est parler en vérité, ce que sont les mots qui comptent. De son expérience, qu'elle confie dans le calme d'un petit hôtel près du Luxembourg, Nicolle Carré a retenu qu'il fallait faire toute chose nouvelle pour mourir en vérité.

Paris, quartier du Luxembourg,
octobre 2001-mars 2002.

À mon premier retour d'Inde, il y a de très nombreuses années, notre avion n'arrivait pas à se poser. Le train avant de l'appareil était bloqué. Le personnel de bord nous a préparés aux manœuvres d'atterrissage forcé, en ne nous cachant pas le risque. Il n'y avait pas de panique, mais nous étions crispés. Un détail m'a marquée : les hôtesses nous avaient demandé d'enlever nos lunettes. Sans lunettes, j'ai l'impression de perdre une partie de moi-même. Je me suis ainsi demandé ce que je pouvais faire pour mes enfants si je devais mourir. Manifestement rien. Je me suis alors interrogée : « Qu'est-ce que bien mourir ? » Une grande légèreté m'a envahie. J'ai senti que je n'avais rien d'autre à faire que d'être dans l'instant. Dans le même sens, ma fille me rapportait, il y a quelques jours, la question d'un maître à ses disciples : « Si vous êtes en plein océan, entouré de toutes parts, sans issue, que devez-vous faire ? » Les disciples répondirent : « Nous réconcilier avec la terre – Non. Si vous sombrez en plein océan, ce n'est plus le moment de vous réconcilier avec la terre. La seule chose que vous puissiez faire est de vous réconcilier avec l'instant. » D'une certaine façon, se réconcilier avec l'instant, c'est reconnaître que rien n'est définitivement acquis, que tout est toujours à reprendre. Réussir sa mort, comme réussir sa vie, est aux antipodes des idées que nous avons généralement de la réussite.

En me rapprochant de la mort, je suis convoquée à vivre l'instant. À ce moment-là, c'est toute la vie qui est appelée à faire corps avec lui. Je souhaite que le dernier instant, celui qui résumera toute ma vie, soit ouverture totale. Je ne peux pas ne pas être sans attente, car l'être humain est un être de désir. Être sans attente, ce serait me laisser mourir comme une petite chose. Je désire être en accord avec ce que j'aurai à vivre. Être tendue vers ce vivre exige une grande vigilance. Quand on est mourant, le temps ne compte plus. On est comme hors temps, à la pointe de soi-même. Il y a là une plénitude de vie. Ces instants que j'ai vécus, au bord de ma propre mort, ne sont pas un capital que je garde à portée de main et que je peux reprendre quand viendra à nouveau l'approche du mourir. Mais il y aura un pli, comme une habitude, et en même temps tout sera neuf.

Bien mourir n'est pas seulement l'œuvre d'un instant ; cela va aussi avec une certaine façon de vivre, car le mourir fait partie du vivre. La façon dont je vivrai ma mort est, je crois, le message que je laisserai à ceux que j'aime, au-delà des événements qui ont jalonné ma vie, des réussites et des échecs. Je ne peux pas vivre la vie de ceux qui me sont chers à leur place, mais je peux leur dire, et leur manifester, que j'ai confiance en eux, que la vie ne s'arrête pas avec mon départ. Ce que je voudrais leur dire, c'est : « Je me suis engagée dans une tâche, celle d'apprendre à vivre. J'y ai réussi tant bien que mal. Continuez cette tâche à votre façon. Vivez. »

En 1992, quand j'ai appris, pour la première fois, que j'avais une leucémie – il y avait 98 % de cellules cancéreuses dans la moelle osseuse, mais, cela, on ne me l'a avoué que plus tard –, j'ai tout d'abord pensé : « Quelle chance, je vais voir Dieu ! » Pendant quinze jours, je n'ai eu aucune peur ; j'avais le sentiment d'être parvenue à la fin de ma quête. Je n'avais pas à faire le deuil de ma vie, puisque je n'y étais pas attachée. C'était une solution de facilité, déguisée sous un pseudo-amour de Dieu. Je ne prenais tout simplement pas la responsabilité de vivre.

Durant ces quinze jours, j'ai frôlé la mort à deux reprises. C'est alors que j'ai compris que je n'avais pas le droit de me laisser mourir. Je découvrais que la vie m'avait été donnée, et qu'à cause de cela je devais faire tout ce qui m'appartenait pour vivre. Cela a été un grand tournant, sans jamais aucun retour en arrière. Mais, en luttant pour vivre, j'ai commencé à avoir peur de mourir. Et, récemment, j'ai compris que j'avais eu ainsi la grâce de renoncer à une certaine toute-puissance dont je n'étais alors pas consciente. Le désir de toute-puissance peut être très subtil. Il peut prendre la forme du non-attachement. En n'étant pas attachée à la vie, je prétendais, en fait, la maîtriser. En entrant dans l'amour de la vie et la peur de mourir, je devenais plus vraie, c'est-à-dire plus humaine. Le premier travail de deuil de ma propre vie a donc été de renoncer à maîtriser la vie. C'est autour de ce noyau central de renoncement à la toute-puissance que s'opèrent, selon moi, tous les détachements. Cela se fait de façons diverses pour chacun mais, chaque fois, il s'agit de renoncer à maîtriser. Pour moi, il s'agissait de commencer à vivre vraiment, de tout faire pour cela, tout en acceptant que je ne puisse pas tout.

Lors de ma première leucémie, en 1992-1993, les séjours à l'hôpital et en maison de repos ont duré un an. Dans la maison de repos où j'ai passé cinq mois, après ma sortie d'hôpital, le taux de décès était de cinquante pour cent. On a très vite su que j'étais psychologue et que j'étais croyante. Il n'y avait, à cette époque, pas de psychologue dans l'établissement et très peu d'aide spirituelle. On venait donc naturellement à moi. Durant ces quelques mois, une vingtaine de personnes sont mortes, dont quelques-unes avec qui j'avais noué des relations très fortes. Je n'avais personne à qui en parler. Mon mari s'était préparé à ma mort. Ceux avec qui je retrouvai une vie sociale, à la sortie de la maison de repos, attendaient que je prenne le train en marche. Je ne savais pas demander de l'aide. Je ne l'avais pas appris. Pour la première fois de ma vie, je me suis trouvée déprimée, mon mari a fait de même. C'est cela qui m'a aidée à faire le pas de la psychanalyse.

J'avais bien suivi des psychothérapies, de façon assez poussée pour pouvoir ensuite y accompagner d'autres personnes. Mais, pour toutes sortes de mauvaises raisons, j'avais toujours évité de faire le pas de la psychanalyse. J'avais peur d'être débordée par la violence que je sentais en moi. Mais là, je ne pouvais plus reculer. Dans l'épreuve, mes défenses cédaient. Je me sentais submergée. J'avais peur de rechuter, je revendiquais le droit de vivre. Au-delà de la culpabilité d'être encore vivante quand les autres étaient morts, je découvrais la tristesse qui m'habitait, incommensurable. Je comprenais très vite, sans encore arriver à le vivre, que la vie n'est pas un droit qu'on réclame, mais une réalité à vivre. Un long travail de dépouillement se fit au cours des années. Acceptant, petit à petit, la souffrance qui était en moi, je devenais de plus en plus vivante, de plus en plus amoureuse de la vie.

Au bout d'un an, après ma sortie de maison de repos, ma formule sanguine fut à nouveau bonne et je ne pensais plus à la rechute. En octobre 1997, après cinq ans et demi de rémission, j'ai fêté ma guérison, en petit comité. Mais, en février 1998, les résultats des prises de sang recommencèrent à ne plus être bons. Une analyse de moelle confirma la rechute. Mon médecin, ému, me dit : « Rangez vos affaires. » La formule était forte.

J'ai pris rendez-vous chez le notaire. Dans les semaines qui ont suivi, j'ai abattu un travail considérable. J'avais des gens à voir avant d'entrer à l'hôpital. J'ai aussi préparé les exposés que je devais rendre à mon groupe de travail pour l'examen de licence de théologie. Je n'ai pas le souvenir du moindre mouvement de révolte. Seulement celui d'une peur énorme. Je ne craignais pas la leucémie, mais le protocole. Le médecin m'a prévenu : « Votre état général est excellent. Nous allons taper encore plus fort que la dernière fois. » Je savais que je pouvais mourir de la moindre infection... Je ne voulais pas retourner à l'hôpital, je refusais d'être malade.

J'avais bonne mine, je me sentais dans une forme excellente, sans la moindre fatigue ; et pourtant, j'étais malade. Chacun de ceux qui le savaient réagissait à sa manière. Certains m'évitaient, d'autres s'apitoyaient. Le dialogue était souvent difficile ; rares étaient ceux avec qui il était possible de parler de la mort, simplement. Heureusement, ma famille et quelques amis étaient bien présents. Avec eux je pouvais parler, mais j'avais toujours très peur et je me sentais coupable d'être malade. Je me sentais coupable d'infliger de la peine à ma famille et de peser sur eux. Je me disais : « Si je suis malade, c'est certainement de ma faute. Je n'aime certainement pas la vie autant que je le crois. » Cette image que j'avais de moi allait sombrer au moment où elle se manifestait avec tant de force. Je découvrais, une fois de plus, l'insidieux désir de toute-puissance caché derrière les bons sentiments. Je voyais, enfin, que je n'étais pas responsable de tout ; je pouvais être malade sans être en faute. Être malade était ainsi plus facile à accepter, mais j'avais toujours peur.

Ma peur s'est adoucie lorsque j'ai reçu le sacrement des malades. Demander le sacrement des malades était, pour moi, un geste d'engagement. Je n'ai pu le faire que lorsque j'ai vraiment accepté d'être malade. À ce moment-là, recevoir le sacrement n'était pas poser un acte magique avec l'attente d'un miracle, selon ce que l'on dit parfois : « Il y en a que cela guérit. » En recevant le sacrement des malades, je disais « oui » à la maladie, oui à la vie à venir, quelles qu'en soient les conditions et dussé-je en mourir. Oui sans condition. Demander le sacrement des malades, c'était répondre « oui » au précepte biblique : « Choisis la vie. » En choisissant la vie, je découvrais que ce n'était pas seulement mon corps qui était malade, mais mon être tout entier. Au lieu de dire : « si je guéris », je pouvais alors dire : « quand je guérirai », car mon être pouvait guérir même si mon corps ne guérissait pas. Guérir, c'était choisir la vie.

Peu à peu, au lieu de rêver ma vie selon un idéal, je me suis acceptée telle que j'étais. Je prenais conscience de mes limites physiques, psychiques et spirituelles et, en même temps, d'une prodigieuse force de vie qui était en moi et qui était à recevoir. J'avais besoin des autres, j'avais besoin d'avoir ma place avec eux. Recevoir le sacrement des malades au milieu de mes amis et, ensuite, partager un repas de fête en était le signe. Je désirais que mes amis soient les témoins de mon engagement dans la maladie. Ils m'ont manifesté leur confiance, ils ont cru que j'avais quelque chose à vivre et à dire dans ce « être malade ».

Souvent, je sens en moi ce qu'on peut appeler la communion des saints. Je sens que j'ai une place unique dans un ensemble. Cela m'aide beaucoup. J'ai besoin de l'ensemble, de l'humanité entière, et, en même temps, j'ai encore plus besoin d'être à ma place. Dans le risque que j'avais de mourir, j'avais l'impression d'être envoyée en avant-garde. M'engager dans le mourir, c'était m'engager dans une forme du vivre, m'engager de façon radicale car, quand on est mort, on ne peut plus s'engager à essayer à nouveau. Dans cette option pour la vie, je me décidais d'une façon nouvelle pour Dieu, le Dieu de la vie. Ce sacrement, c'était recevoir la vie de Dieu, c'était déplier ma vie, comme les ailes d'un oiseau, pour lui donner son espace propre.

Après l'annonce de ma rechute, j'ai passé trois bons mois en traitement ambulatoire, hors de l'hôpital. Je savais, dès le début du traitement, que s'il y avait le moindre accroc, je rentrerais immédiatement à l'hôpital. J'y suis entrée en août, déjà en rémission et toujours en pleine forme, mais la chimiothérapie était nécessaire. Cinq jours plus tard, j'étais en aplasie, c'est-à-dire sans plus aucune défense, et j'ai immédiatement attrapé un champignon aux poumons. Je suis restée un mois dans un état semi-comateux. Mes râles étaient quasi continus. Je ne m'en souviens guère. Mais je me souviens bien que j'ai demandé au médecin comment je mourrais si je devais mourir. Il m'a dit : « N'ayez pas peur ; on s'occupera de vous. » J'ai pensé alors que puisqu'on s'occupait de mon corps, je pouvais m'occuper de mourir. Je ne savais plus si j'avais la foi ni ce qu'était la foi. J'avais une seule peur : mourir séparée de Dieu.

Accepter mes limites (ce qui est autre chose que de s'y complaire) et celle des autres est, pour moi, un long travail de deuil, travail qui n'est pas encore fini, qui est toujours à reprendre et à continuer. Accepter les limites, c'est renoncer aux images que l'on a de soi, des autres, c'est accepter de pouvoir être réduite à un certain nombre d'images. Je trouve cela extrêmement difficile. Quand j'étais très malade, c'était, d'une certaine façon, plus facile parce que j'étais plus centrée, dépouillée de ce qui n'était pas essentiel. À ces moments-là, lorsqu'on me regardait comme un corps malade, je savais bien que j'étais davantage que ce corps, que j'étais une personne. Et mon regard sur les autres dépassait aussi leurs limites.

La psychanalyse dit, comme le soulignaient déjà les Pères de l'Église aux premiers siècles du christianisme, que l'imaginaire mène au mensonge. Lorsque je regarde ma vie, je vois bien qu'il est capital que je renonce aux images que j'ai de moi, des autres, de Dieu. Je me rends compte, avec la perspective d'une deuxième rechute et de mourir, que c'est un leurre de chercher une vie qui corresponde à ce que je voudrais. C'est rêver sa vie plutôt que de la vivre. Il y a à faire tout un travail de deuil de l'imaginaire. Le travail de deuil est un travail de liberté pour accepter de correspondre à soi-même, sans savoir ce qu'on est soi-même. Autrement dit, en acceptant de se laisser mouvoir de l'intérieur, sans calculs. Tout quitter pour l'inconnu. Ne pas projeter ses rêves, fussent-ils pieux ou vertueux. Vivre l'instant présent, en y étant totalement. Apprendre à me prendre telle que je suis et faire de même avec les autres.

Face au mourir, l'étiquette « être quelqu'un de bien » n'a plus aucun sens. C'est encore dépendre d'images, vouloir plaire aux autres. Plaire aux autres apporte un certain plaisir, une jouissance que l'on ne doit pas confondre avec la joie. La joie va avec le dépouillement intérieur et la liberté qui l'accompagne. *Il n'y a qu'une manière de consentir à la déception, c'est de souffrir*, dit Denis Vasse. Cela fait partie des choses que je continue d'apprendre. Là où il y avait de la colère et de l'insatisfaction, j'ai mis des larmes, j'ai accepté d'avoir mal au lieu de me révolter. Mon chemin de deuil, c'est sortir de la lutte, de la maîtrise, pour peu à peu consentir à ce qui est en moi, dans le monde, dans les autres. La seule chose que j'ai à faire, c'est de décider de marcher en sachant que je marche de travers et que je bute sans arrêt.

Vouloir à tout prix franchir des étapes, c'est se situer sur une échelle de progrès. Comme en montagne, après des heures de marche et au détour d'un versant, on se rend compte que l'on a déjà bien marché. Mais on est toujours en marche. Ce qui compte, c'est la petite flamme, le souffle qui est en nous. Le reste est théorie. Avec le recul, le chemin de ma première leucémie a été magnifique : j'ai appris à choisir la vie. Dans la seconde leucémie, je me suis laissé apprivoiser par la mort.

Il y a dix-huit mois, une dame de quatre-vingt-quatorze ans que j'aimais beaucoup est tombée malade. Cela a constitué un énorme changement dans sa vie, jusque-là très active. Elle ne cessait de se plaindre de la baisse de ses capacités. Ceux qui la soignaient lui semblaient rarement à la hauteur. J'étais étonnée. Pendant ma leucémie, elle m'avait tellement exhortée, tellement dit et redit que tout était facile, qu'il suffisait de dire oui. Elle disait oui, mais à condition que les choses se passent comme elle le voulait. Elle désirait offrir sa vie à Dieu, mais comme elle l'entendait, d'un coup ou presque. Elle avait du mal à accepter de baisser progressivement et de ne pas être fantastiquement entourée. Cela m'a beaucoup appris. Cette vieille dame n'était pas une sainte, comme je l'avais cru. Elle était une enfant de Dieu avec sa pauvreté ; c'est cela qui me semble important.

Si le courage, c'est de mettre en avant une image de moi comme quelqu'un de fort, je honnis cette sorte de courage. Il n'y a pas de courage à serrer les dents. Lorsque j'avais des soins douloureux, je prévenais : « Si cela fait trop mal, je crierai. » Je savais que l'on n'aime pas qu'un malade crie. Mais se dire que cela est possible, c'est se situer de part et d'autre dans la vie, par la parole partagée et par la reconnaissance de mes limites. Parler, dire ma peur, ma souffrance, m'a souvent évité d'être complètement emportée par elles. Le courage n'est pas de ne pas crier, c'est d'accepter de ne pas être un héros quand on sent que tout nous y invite. J'aime à me souvenir que le Christ, sur la croix, a crié, tout Dieu qu'il était.

Le courage, c'est toujours, à petits pas, accepter d'en être là où on en est. On peut être surpris de ce qui en sort. À l'hôpital, les soignants ont souvent vanté mon courage. Je ne me suis jamais vécue comme quelqu'un de courageux, mais plutôt comme quelqu'un ayant beaucoup de peurs. Je me suis toujours sentie très limitée. Je ne sens pas pouvoir faire grand-chose sur ces sentiments, sinon les accepter. J'essaie de consentir à ce qui est plutôt que de m'y opposer. C'est cela qui me fait évoluer. J'accepte que l'on me dise que j'ai du courage. C'est peut-être quelque chose qui est en moi, que je ne connais pas et qui m'échapperait si je voulais m'en saisir. Seuls les autres peuvent en être témoins. Ce n'est pas un fanion qu'on brandit. Je ne sais qu'être petite.

On disait peut-être de moi que j'étais courageuse parce que mon comportement correspondait à des attentes. Mais je savais pourtant bien que je ne correspondais pas à l'image que l'on avait de moi. Travailler sur ses images, c'est chercher à être en accord avec soi-même, et ce, quelle que soit l'opinion d'autrui et les sacrifices personnels. Ce chemin est difficile, surtout lorsqu'on se sent vulnérable et qu'on désire que les autres nous manifestent de l'amour. C'est, quelquefois, comme un saut dans le vide. Je n'ai pas toujours envie que mon image m'échappe, même si je sais que, par définition, les images sont mouvantes, instables. Mais je sais que commence pour moi un vrai chemin de liberté chaque fois que j'accepte de ne plus correspondre à une image.

Je choisis d'être en accord avec moi-même et d'oser dire ma peur. Sans envahir l'autre, oser dire ce que je vis et en faire une affaire commune. Lui dire que la souffrance est plus facile à vivre si je m'exprime... Il faut commencer par le respect. Si je me donne l'autorisation de dire « j'ai mal » ou « j'ai peur », l'autre va peut-être, lui aussi, oser dire ce qu'il sent. Au lieu d'être entièrement focalisée sur moi et ce que je dois être, ce qui est le cas avec le courage du type « je dois être à la hauteur », j'entre dans une attitude de dialogue, mon énergie devient tout autre : il y a beaucoup moins d'énergie perdue à être soi-même qu'à correspondre à des images. Il peut même parfois suffire de dire « je vais crier » pour ne plus en avoir besoin.

À partir du moment où j'avoue mes limites, je peux les accepter. Il n'y a plus rien à défendre. Le courage n'est pas dans la non-peur. Ma place est celle du petit. C'est cela que m'a appris la maladie grave avec la perspective de ma propre mort. J'ai découvert que c'est en acceptant d'être limitée que la vie peut se déployer en moi. Alors que si je me rêve sans limites, il n'y a plus rien à déployer. En acceptant mes limites, je peux recevoir et me sentir pleinement humaine. Je ne sais pas pourquoi on nous a fait croire qu'il fallait être fort... Si nous n'osons pas pleurer, si nous n'osons pas montrer notre faiblesse, nous risquons de laisser comme éternel message qu'il faut être à la hauteur des événements. La confiance que l'on fait aux proches au moment de mourir est une porte que l'on ouvre en grand pour qu'ils puissent respirer.

Je crois que j'ai déjà donné à mes enfants leur plus belle part d'héritage en préparant ma mort. Ma fille, Myriam, me dit que je continuerai à vivre lorsque je serai morte parce que ce que je lui ai transmis continuera à la nourrir et qu'elle parlera de moi. Mon fils, Cyrille, me dit que ma façon de vivre lui donne envie de vivre plus pleinement sa propre vie. Je nous sens engagés dans une œuvre commune qui est celle de la vie et qui se fait à travers les diverses générations. J'ai transmis à mes enfants une parole de vie. Elle ne m'appartient plus. Quand une parole est dite, ce qui compte, ce n'est plus celui qui l'a dite, mais qu'elle fasse vivre. C'est comme une fête : ce qui importe, ce n'est pas celui qui l'organise, mais que la fête ait lieu. Une parole échangée entre deux personnes n'appartient plus aux deux personnes, c'est l'humanité entière qui est convoquée. C'est comme dans la construction d'une maison. Tous les artisans sont indispensables… C'est pourquoi mourir n'est pas ma seule affaire.

Je crois en une vie après la mort, et même à la résurrection des corps, mais je ne sais pas vraiment ce que c'est. C'est de l'inconnu à recevoir. Je ne peux pas et ne veux pas le prendre comme une consolation, comme une promesse qui m'écarte du présent.

Je commence à pressentir que ma vie est beaucoup plus grande, plus large que l'idéal de vie que j'ai, même si cet idéal a pour nom : *Dieu*. Nous vivons à certains moments de façon étriquée, à d'autres nous pressentons notre unicité de façon plus large. Mon unicité est en lien avec celle des autres. Au moment où je m'élargis, je me découvre de plus en plus en lien avec eux. Parce que ma vie et ma mort affectent les autres, cela me rend responsable de ma façon de les traverser. La vie m'est donnée. Je sens aussi, de façon très forte, que ce qui a été donné ne peut être repris. Ce qui est donné une fois est sans cesse redonné, de façon toujours nouvelle. La vie qui m'a été donnée à la naissance, et que j'ai longtemps refusée parce qu'elle n'était pas comme je l'entendais, m'est toujours offerte. Le consentement que je n'ai pas eu à un moment, je peux l'avoir à un autre. L'important est de consentir. Maintenant.

> *Il est un palais qui n'ouvre que pour les larmes.*
> Zohar

9

Vidosav Stevanovic : Ne pas hurler avec les loups

La vie ne commence réellement qu'avec la solitude ;
ce qui se passe, lorsqu'on se rassemble, découle
purement et simplement de ce qu'on était seul.
Les phases essentielles de notre vie,
ses points tournants, ont pour ressort le silence.
Henry Miller

Ces deux-là s'aiment. Ça crève les yeux. Mariés en 1981, c'est ensemble que les époux Stevanovic ont pris la douloureuse décision de l'exil, ensemble qu'ils ont accepté de (presque) tout perdre : famille, amis, argent et gloire. Auteur réputé et traduit en une vingtaine de langues, mais aussi plus grand éditeur des Balkans, Vidosav Stevanovic, un homme au visage de persan, avait une vie mondaine dans un bel appartement à Belgrade, en Serbie, lorsque, en 1987, l'heure du nationalisme sonna en Yougoslavie.

Vidosav Stevanovic n'a pas cherché à servir une idéologie, un parti ou une Église, il a cherché à servir la nature humaine. Après s'être soulevé contre la politique de Slobodan Milosevic, il s'est retiré de la vie publique, puis a été contraint à l'exil en 1991. Quelques années plus tard, en 1996, il revient dans son pays et devient directeur de la première télévision libre pendant six mois. Dernier éclat : il voit mourir sa dernière illusion et se réfugie en France. Il n'est pas parti chercher le bonheur. Cela a été l'acte d'un homme qui fait le choix, envers et contre tous, de la liberté intérieure.

L'exil : certains y sont contraints, d'autres le « choisissent ». Comme on choisirait la peste au choléra. Devoir quitter sa matrice, c'est savoir d'où l'on vient et continuer de la porter en soi. Certains, pour se protéger, n'auront plus jamais le courage de retourner au pays perdu ou reconstitueront dans un autre pays une communauté d'exilés. D'autres refuseront de se complaire dans la nostalgie, joueront le nouveau jeu, transformeront la douleur en fragilité créatrice. Tous continueront de rêver dans leur langue maternelle... Retrouver la matrice, n'est-ce pas le sort de toute traversée humaine, ne sommes-nous pas tous en exil ?

Comme un cataclysme naturel, devoir quitter son pays, sa terre, est l'emblème même du changement provoqué par l'extérieur. Pourtant, l'exilé a sa part de responsabilité : la façon dont il va y réagir...

Avec sa femme Maria et l'un de ses fils, Stevan, Vidosav Stevanovic vit aujourd'hui dans un deux pièces à Paris et cite Baudelaire : *Paris change, ma tristesse continue.* Mais ce n'est pas le confort qui lui manque, ce sont les livres de sa bibliothèque... Si l'artiste renouvelé par l'exil se confie, l'homme, blessé, se cache. Les états d'âme ne sont pas le genre de la maison.

Depuis l'ouverture du procès de Slobodan Milosevic, qui incarne pour lui « la banalité du mal » dont parlait Hannah Arendt [10], la télévision du salon est allumée en permanence sur une chaîne câblée du Monténégro. Il regarde cela du dehors, sans passion, comme une histoire ancienne. Il va aller au tribunal de La Haye voir le « petit voyou » de près, croiser son regard une dernière fois. Vidosav Stevanovic n'a pas encore gagné la paix, il a trouvé le calme.

10 *Eichmann à Jérusalem*, Folio, 1991.

Paris, quartier Saint-Germain-des-Près,
chez les Stevanovic, février-mars 2002.

La déchirure intérieure de l'exil ne s'apaise qu'après la décision finale : accepter que l'exil soit éternel, devenir un exilé à vie. À partir de là, on ne doit pas s'imposer de douleur inutile, on ne doit surtout pas s'y complaire. Je n'ai pas été banni, j'ai choisi mon exil parce que je refusais de courber l'échine. Au début du régime de Milosevic, j'ai compris que nous allions perdre notre liberté en même temps que l'espoir de devenir Européens tout de suite. J'avais rêvé toute ma vie d'être Européen...

J'ai alors pris des risques : dans un journal indépendant, *Borba*, j'ai dénoncé sa politique et ses intentions nationalistes et xénophobes. Je n'étais pas tendre avec lui. Il ne l'a pas été avec moi : au moment de mon départ, j'étais sur la liste, dressée par la famille Milosevic, des personnes à éliminer physiquement... Je me suis battu, nous avons perdu tous les deux.

L'exil vous montre que vous êtes un ignorant, que vous avez beaucoup de préjugés et qu'il vous faut devenir un homme nouveau. Souvent les exilés restent dans leur ghetto. J'ai évité les diasporas serbes et yougoslaves en France. L'exil est un mode de vie, un mode de pensée. Sinon, c'est un malentendu. Cela dépend de votre intelligence, pas de votre sensibilité. C'est devenu quelque chose de naturel pour moi. Je vis désormais en Europe et j'y suis bien. Je me sens, malgré mes racines serbes, un citoyen du monde : quand vous comprenez que vous n'avez pas votre place dans votre pays, tout le reste du monde vous appartient.

Au début, il faut du courage. Puis il faut prendre une résolution, celle de changer de vie. Il faut quitter un pays intérieur pour en gagner un autre. Il ne s'agit pas seulement de changer de place physiquement, de prendre un pays pour un autre, il faut changer ses pensées, ouvrir son esprit de compréhension à la richesse du monde, à ses contradictions, ses paradoxes et ses terreurs. On peut changer jusqu'à ses sentiments, car la plupart sont artificiels et ne nous appartiennent pas. Il faut donner un sens nouveau à nos émotions. Je me suis débarrassé de l'homme ancien et suis comme « enceint » de l'homme nouveau. Je porte un monde plus humain en moi.

In fine, chaque chose de notre vie dépend de nous, de notre esprit, de notre effort de comprendre. En exil, il est important de comprendre que vous ne retrouverez peut-être jamais la stabilité. C'est très nourrissant pour l'artiste, plus douloureux pour l'homme. Nous vivons dans une solitude particulière. Nous avons compris pour toujours que nous sommes seuls. J'aurai toute ma vie une « gueule de métèque », comme le chantait si bien Georges Moustaki. Ce n'est pas triste d'être en exil, c'est souvent la découverte d'un autre monde. L'exilé est un homme en fuite. Mais s'il le veut, il est un homme libre. Il peut dire, chaque jour, je pars. Je menace d'ailleurs ma femme tous les matins...

J'ai vécu trop longtemps dans la peur.

Je suis né en 1942, à la campagne, en Serbie centrale. Mes premiers souvenirs sont ceux d'un enfant dans un pays en guerre. J'ai vu mon pays dévasté. Mon père est tombé un mois avant la fin de la Seconde Guerre mondiale. J'ai été élevé par mon grand-père, un paysan éclairé. Il m'a appris à lire avec la Bible, qui était le seul livre de la maison. C'était un homme honnête qui a toujours défendu ses convictions. J'ai ensuite grandi dans la terreur des communistes, de leur violence idéologique, politique et sociale, dans un climat d'intolérance absolue. J'ai enduré la faim pendant des années pour pouvoir être et demeurer un écrivain. J'ai vécu trente ans à Belgrade. J'avais choisi ma ville préférée, une ville ouverte, internationale, tolérante, à l'esprit mordant. En un an, avec le nationalisme, c'est devenu une ville de province triste. Aujourd'hui, ma ville préférée est Paris.

Nous vivions au centre de Belgrade dans un appartement spacieux, toujours empli d'amis. Nous avions besoin de voir du monde, de rire, d'échanger : nous avons adoré faire la fête, et ma femme était une maîtresse de maison généreuse et adulée. Notre vie était très mondaine, nous recevions sans cesse des invitations pour des cocktails, des soirées, des rencontres, des expositions, des pièces de théâtre... Belgrade était une métropole. Notre agenda contenait environ trois cents adresses. Avant notre départ pour l'exil, nous ne fréquentions plus que quatre personnes. Pour nous éviter, les gens traversaient et changeaient de trottoir. Ces gens-là ne nous ont pas trahis, ils se sont trahis eux-mêmes.

Je ne crains plus les choses inconnues. La peur n'est pas une spéculation, c'est toujours très concret, le mal n'est pas un mystère, il est visible... J'ai vu la fin de la Yougoslavie, les démons du passé resurgir et montrer leur visage païen et barbare.

Depuis, j'ai perdu la peur.

En Serbie profonde, les liens familiaux sont très forts. Nous avions une quantité d'oncles et de cousins aux premier, deuxième, troisième degrés... Dans ma famille, j'étais une exception, j'étais le premier homme moderne. Presque tous ont basculé du côté de

Milosevic. Moi, j'ai compris tout de suite que sa politique allait provoquer la guerre, car je le connaissais personnellement, nous étions de la même génération et avions quantité d'amis communs. J'ai tiré toutes les sonnettes d'alarme qui étaient à ma portée. Aucun des membres de ma famille ne m'a écouté. Pour ma femme et moi, ceux qui étaient pour Milosevic étaient indignes d'être des hommes. J'ai peu à peu rompu avec chacun des membres de ma famille, sans regret. Il est des moments dans l'histoire où il faut choisir. Comme face à Hitler, il y a deux positions : être pour, ou être contre. La neutralité n'est pas envisageable. Ceux qui se cachent, qui se taisent, qui éludent leurs responsabilités publiques, cautionnent et prennent position pour Milosevic comme d'autres avant eux l'ont fait pour Hitler. « Tu tournes à droite, tu perds ton cheval. Tu tournes à gauche, tu perds ton âme. » J'ai choisi mon âme, si elle existe. Au carrefour, il faut choisir son camp et défendre ses valeurs, ses convictions. Elles étaient en danger. L'une des maximes des nationalistes est : « La vie commune est impossible. » Pour moi, la vie commence à partir du moment où l'on accepte de vivre ensemble. C'est un choix d'homme libre. Il n'est pas de valeur au-dessus de la liberté, qu'elle soit individuelle ou collective. Il était inconcevable pour moi de me taire.

On renonce aux liens de sang sans regret. Chaque homme a des relations de sang. Ce sont des relations biologiques, éventuellement sociales. L'homme est un être politique, éthique de temps en temps. Je ne suis pas un idéaliste pur et dur : je ne crois pas d'avance dans la probité du genre humain. C'est le choix qui crée un homme. Chez vous, vous appelez cela le libre arbitre. Vous choisissez votre camp, le bien, le mal, l'esclavage, la liberté… Les religions monothéistes aussi laissent le choix : ce n'est pas Dieu qui décide, mais vous. J'étais croyant, je suis devenu sceptique. Je suis un homme qui ne cesse de se poser des questions, je ne suis pas un esprit tranquille. Je suis plutôt un gnostique qui cherche.

On m'a humilié, sali. La propagande nationaliste m'a qualifié de traître, elle m'a présenté comme un anti-Serbe. On m'a accusé d'avoir détourné des sommes d'argent folles, de vivre une vie de débauche autour d'une piscine olympique et même d'avoir demandé personnellement que l'on bombarde Belgrade... C'était me faire un drôle d'honneur. Les gens simples croient ces choses-là. Je ne pouvais pas aller les trouver un à un pour leur prouver mon innocence. Ils ont créé de moi une image diabolique qui n'est pas sans avoir laissé de traces. Non, je n'ai pas trahi, j'ai seulement rejeté la haine et la bêtise. Je ne le regrette pas.

Après l'apparition de Milosevic, j'ai senti les premiers effets de la solitude. J'ai compris qu'ils étaient tous pour lui, que je prêchais dans le désert. J'ai compris qu'être contre lui constituait un péché mortel. La haine est devenue le ressort de la politique officielle, j'ai essayé de la dénoncer, de dire à mes compatriotes que nous devions collaborer avec l'Europe et avec nos voisins. Chaque jour, je comprenais qu'un nouvel ami me quittait. Lorsque j'ai quitté la vie publique, le témoin de notre mariage – il était comme mon demi-frère – est venu me rendre visite en me disant : « Arrête, tu vas te suicider. » Il aimait les biftecks, les chaussures italiennes, les cigarettes américaines longues et les voyages. Il est devenu ministre et m'a persécuté. Il a choisi ses biftecks... Peu à peu, tout le monde est devenu victime de la propagande et nous avons vu nos amis sans masques. Le régime nous montait contre tout, contre le monde entier, il évoquait un complot mondial contre les Serbes. La propagande ne s'appuie pas sur des faits, mais sur l'émotion, comme Messieurs Hitler et Goebbels l'avaient remarquablement compris. « *Ce n'est pas en fait l'histoire qui se répète mais la nature humaine*[11]. »

À l'arrivée au pouvoir de Milosevic, en 1987, j'ai compris que j'avais deux voies : collaborer avec le pouvoir ou quitter la vie publique. Dans le premier cas, on aurait mis un avion privé à ma disposition, j'aurais probablement été nommé ambassadeur quelque part. L'ex-Yougoslavie était un pays presque riche où l'on pouvait vivre bien si l'on acceptait de mentir publiquement. Même si je me sentais impuissant à convaincre, je savais qu'à défaut de retourner la planète, je pouvais me retourner moi-même. Ce choix, qui se pose deux à trois fois dans une vie, est proposé à chacun, du plus grand au plus petit. Il n'y a pas de pauvres gens, il n'y a que de mauvais choix... Je n'ai aucune compassion pour ceux qui choisissent la commodité. Ce n'est pas un choix pour la grandeur, c'est simplement celui d'être au moins une fois humain. Il n'y a aucun héroïsme là-dedans. Je crois que c'est à ses choix que l'on mesure un homme.

J'ai décidé de refuser tout compromis et, dès 1988, j'ai quitté mes fonctions de mon plein gré. J'ai renoncé à mon métier : j'étais directeur général de Prosveta – souvent comparée à Gallimard –, qui était la maison d'édition la plus importante des Balkans. Je me suis retiré et j'ai abandonné en même temps le symbole de la cravate. Mais, dans un tel régime, il n'est pas autorisé de

---

11 Toland, historien américain.

se mettre à part, il est nécessaire de hurler avec la meute des loups. J'ai refusé. Au début, j'ai continué à publier en tant qu'auteur, j'étais un écrivain connu, souvent apprécié et respecté, mais chaque jour ma situation se dégradait. Plus aucun éditeur à Belgrade n'acceptait de publier mes livres, j'étais contraint d'aller à Sarajevo. Par ailleurs, on ne trouvait plus en librairies mes livres, pourtant publiés à grand tirage. Ils avaient peu à peu disparu de partout. Même des bibliothèques publiques. Même des bibliographies. Il n'y a jamais eu d'interdiction officielle, seulement officieuse, sournoise. Personne ne voulait se battre pour un écrivain condamné, un mort... Aujourd'hui, vous ne trouverez aucun de mes livres à Belgrade, pas même chez les bouquinistes. C'est la première fois dans l'histoire de la culture serbe que quelqu'un disparaît sans laisser la moindre trace. C'est un phénomène, et je dois avouer que je suis assez fier de cela. En revanche, on peut me lire en catalan ou en norvégien, des langues que je ne parle pas !

Nous vivions dans un désert avec ma femme et mes fils. Nous n'avions plus d'amis, plus de relations et, à la fin, plus la possibilité de vivre décemment. Mon compte bancaire – j'étais un écrivain presque riche, traduit en vingt langues – a été vidé. Douze ans sans un dinar. Je faisais des émissions de télévision et de radios. Ils avaient reçu l'ordre de ne pas me payer. Sans argent régulier, nous étions toujours en état de précarité. C'était une lente asphyxie. Pour étouffer un homme, c'est une méthode formidable... Mais on peut trouver de l'argent pour survivre partout : nous avions une maison merveilleuse à la campagne et une ferme, nous aurions pu vivre de la terre, simplement. Nous étions par ailleurs menacés en permanence par téléphone, par courrier. J'ai même été agressé physiquement à

Belgrade. On m'a fait comprendre qu'il valait mieux pour moi quitter le territoire. L'avertissement était généreux, c'est l'âme slave peut-être. La « nuit slave », aurait dit Kundera... Nous sommes partis brutalement, fin 1991, lorsque nos fils ont été convoqués, à dix-sept ans, comme tous les fils d'opposants au régime, pour partir à la guerre qui débutait à Vukovar. Nous quittions un véritable enfer.

Partir, c'était une attitude éthique, une manière de protester. Nous avons commencé notre exil. Malheureusement, à cette époque, l'Europe démocratique et éclairée était fermée aux ennemis de Milosevic. C'était une Europe sans Churchill, une Europe pleine de Chamberlain. Ils ont fermé les yeux sur ce qu'il se passait en Yougoslavie, laissant le « petit voyou » accomplir sa besogne. Nous avons rencontré beaucoup de problèmes pour obtenir des passeports. Nous avons fini par obtenir un visa touristique pour la Grèce, en 1991, au début de la guerre.

Là-bas, nous avons trouvé un pays, un gouvernement et une administration complices de Milosevic. Nous n'avons eu que des problèmes. Ils ont arrêté nos fils aînés réfractaires à la guerre pour les extrader en Serbie. Nous étions effondrés. Grâce à nos amis grecs – il y a des gens biens partout – et à l'opinion publique, ils ont été libérés. À Athènes, j'ai beaucoup lu. Je me souviens en particulier d'avoir lu *L'Histoire de la Guerre du Péloponnèse* de Thucydide. Il y décrit le commencement de la chute d'une civilisation provoquée par elle-même. J'ai pensé que peut-être nous étions nous aussi en train de précipiter notre propre fin.

Mais nous étouffions en Grèce et n'arrivions pas à obtenir les papiers nécessaires pour nous installer. J'attendais la publication de deux de mes livres en

France en 1993. J'y suis arrivé pour la promotion et j'y suis resté. Ma femme et l'un de nos fils m'ont rejoint le 14 juillet. Nous avons fêté la République.

La parution, à Paris, de *La Neige et les Chiens* et de *Christos et les Chiens* a fait grand bruit. En l'espace de trois semaines, j'ai reçu des dizaines de journalistes, je devenais un auteur connu, presque célèbre. Cela a été un grand choc pour moi qui étais, depuis des années, un écrivain condamné au silence dans mon propre pays. J'ai appris le français. C'était un exil presque « doré »...

Après les accords de Dayton, nous sommes rentrés en Yougoslavie, nous pensions que les choses allaient changer. « *Partir en exil n'est rien, en revenir est terrible* [12]. »

Oui, j'ai vécu le pire, le retour.

En 1996, des manifestants déferlaient tous les jours dans les rues, en opposition à Milosevic. Mes fils m'ont appelé, plein d'espoir. Il se passait quelque chose, il fallait rentrer. C'était la dernière chance de changement qui se présentait. J'ai décidé que ce serait ma dernière illusion. Je devais aller la voir de près, avec mes yeux de vieux sceptique. Je me suis mêlé à la foule qui protestait, j'avais l'impression de flotter, d'être extérieur. J'ai été transformé en héros. Ils m'ont proposé de devenir directeur de la première télévision locale indépendante. Je ne pouvais pas refuser et me cantonner à n'être qu'un écrivain en exil ressassant ses souvenirs d'enfance et de jeunesse. L'inaction m'écœure. Nous avons encerclé la télévision, les bâtiments étaient pleins de policiers armés. Le siège a duré trois jours. Cela a été plus long que la prise de la Bastille ! CNN commençait

---

12 Cesare Pavese, écrivain italien qui s'est suicidé.

son journal télévisé en parlant de nous. J'ai passé six mois avec mes compatriotes à la direction de cette télévision. Je recevais des lettres anonymes, des coups de téléphone avec des menaces de mort, d'enlèvement de mes enfants… Mais les attaques m'aident à tenir bon. C'était le dernier combat, il ne fallait pas le fuir, alors je me suis investi. Je n'y croyais pas mais, néanmoins, j'ai essayé de me comporter, à l'image du docteur Rieu dans *La Peste*, de Camus, comme un médecin confronté à une épidémie. Le jeu a été beau et difficile, épuisant et dangereux, inutile surtout. Les forces de mes compatriotes avaient flétri, ils avaient renoncé à la liberté, je ne pouvais plus rien pour eux. Cela avait été une apparition étincelante de la liberté. L'instant d'ardeur avait passé, il fallait reconnaître la défaite. J'ai quitté la télévision : l'exil était à l'intérieur.

En 1998, j'ai compris qu'un nouveau conflit se préparait ; je ne voulais pas vivre avec le bruit des trompettes, des sifflets et des fanfares de la guerre. J'ai été condamné deux fois à mort publiquement par Sesel – à l'époque le vice-président du gouvernement. Nous avons quitté notre maison sur la colline. Nous devions rompre les liens si nous voulions rester des hommes. En quittant le pays, je n'ai pas culpabilisé vis-à-vis de mes compatriotes. Le choix, et la responsabilité, du départ et de la liberté intérieure est proposé à tous.

Nous sommes retournés en France et avons demandé le statut de réfugiés politiques. Demander l'asile politique a été un acte décisif pour moi : j'ai brûlé les voiles et les vaisseaux, j'ai coupé le pont entre la Serbie et moi. Les premiers mois, il m'a fallu du courage pour rester. Nous n'avions pas d'argent, pas encore de papiers, nous étions comme des invités indésirables. Et Paris abritait des amis de Milosevic…

L'exil a été particulièrement dur pour ma femme. Elle tient à ses rêves, elle s'était enfermée dans une forteresse. Elle est comédienne et a perdu son métier à cause de moi. Elle qui chante si bien en privé devient, par moments, triste sans raison. Une Serbe triste. Quand elle est arrivée en France, elle ne voulait plus parler ni serbe ni français. Sans langue, on n'est plus de nulle part. Elle a hésité pendant des années à changer de peau, c'est une sentimentale, elle n'accepte l'exil que depuis peu. Pour moi, les choses ont été plus radicales. Du hublot de l'avion, lorsque j'ai vu Paris, j'ai compris qu'il me fallait mourir ou renaître. C'était une possibilité unique. Chaque exilé peut ressusciter comme Lazare, s'il le veut. J'ai tout changé dans ma vie, sauf ma femme…

Si votre véritable vocation est d'être un artiste, alors vous devez mettre toutes vos forces au service de l'art. Écrire m'a sauvé, car cela m'a permis de faire reculer l'homme en moi au profit de l'artiste, de transcender ma souffrance tous les jours devant le mur de ma page blanche. L'art montre qu'il est possible aux hommes d'être égaux : partout, en Égypte, en Grèce, que ce soit au Moyen Âge ou aujourd'hui encore, l'art essaie de dire cela. C'est une chanson qui chante les milliers de voix. J'ai peut-être troqué la foi pour l'art… L'art n'est pas une propagande, vous ne prêchez pas. Ce n'est pas idéologique, ce n'est pas politique, peut-être même pas éthique. Son but, c'est l'esthétique. Chacun peut découvrir sa façon de voir la beauté dans le monde, chaque artiste peut être nouveau. Je resterai toujours un débutant.

Mon fils aîné, qui vit là-bas, me dit que je serais aujourd'hui en sécurité si je revenais. Je ne peux pas le vérifier. Une fois fini, c'est pour toujours. J'ai recréé ma patrie ici : c'est ma langue, mes fils, mes amis, mes rapports à ma tradition. Mes racines restent authentiques. Si j'avais été plus jeune, j'aurais oublié mon passé et ma langue, je serais devenu quelqu'un de tout à fait différent, l'ombre de quelque chose. Cela n'a pas été facile, mais l'exil m'a aidé à comprendre le monde, à devenir un autre artiste, peut-être meilleur, un autre homme, plus généreux, plus ouvert, plus tolérant, plus humain. Je suis devenu plus vieux aussi. Chaque exilé a la possibilité de passer sa vie dans la nostalgie éternelle. Moi, je vis au présent, dans la réalité. Je vais demander la naturalisation française. J'ai apuré mes comptes avec l'État serbe. J'accueille chaque jour comme un cadeau, pourvu que je puisse écrire. L'artiste n'a pas besoin de patrie, la langue lui suffit. Je continue de penser, de parler, d'écrire et de rêver en serbe. L'exil est bon pour l'artiste. S'il comprend ce que cela suppose, cela le nourrit. Pour l'homme, c'est plus délicat : nous sommes tous enclins à vivre plus confortablement...

La substance de l'exil, c'est de faire de l'homme un être partagé, déchiré, incomplet, entre deux mondes, entre deux temps. Je ne dis pas que je ne retournerai pas un jour voir ma maison de campagne. Mais j'ai fini mes rapports émotionnels et littéraires avec la Serbie. J'écris sur la Serbie, mais plus comme un homme de l'intérieur. Je m'intéresse à bien d'autres choses désormais. Je considère maintenant l'histoire de la Serbie comme une partie de l'histoire des Balkans. C'est une région qui m'intéresse dans ses rapports avec l'Europe. J'ai beaucoup écrit sur la guerre. Il me faut désormais écrire sur l'exil. L'exil n'est pas une tragédie, c'est même souvent une comédie. Atroce, humiliante – on rit de l'exilé –, mais tout de même une comédie, une comédie noire, absurde. La différence entre une comédie noire et une tragédie, c'est que la tragédie finit toujours dans la mort ou dans une douleur insoutenable. Dans la tragédie, tout est fini pour toujours ; la sanction est définitive. Dans la comédie noire, les choses se répètent inlassablement, comme un mauvais gag. Savoir comment cela finira pour moi, en tragédie ou pas, je ne le sais pas, j'attends, cela ne dépend pas de moi.

Pour autant, je ne veux pas oublier les heures heureuses que nous avons connues, je ne veux pas gâcher mes souvenirs du passé à cause de Milosevic. La source de la joie est en nous. Aujourd'hui, je suis libre. Comme le vent, comme un évadé d'une prison à vie, comme un condamné à mort, comme quelqu'un qui n'est plus. En me faisant disparaître des librairies et des bibliothèques, ils m'ont accordé une liberté, intérieure, que je ne pouvais pas imaginer.

Je continuerai d'écrire tant que je le pourrai. Chaque phrase que j'écris est peut-être la dernière. J'écris des romans, des nouvelles, des pièces de théâtre que je signe à la main, en cyrillique. Je dis ce que j'ai à dire. Il est trop tard pour moi pour atteindre la Terre Promise. Du moins puis-je m'enorgueillir de n'avoir pas choisi la terre des promesses... Ce seront les générations suivantes qui y entreront. Alors j'écris pour un lecteur idéal qui est mon frère spirituel, un jeune homme dans l'avenir.

Je ne puis vivre personnellement sans mon art. Mais je n'ai jamais placé cet art au-dessus de tout. S'il m'est nécessaire, au contraire, c'est qu'il ne me sépare de personne et me permet de vivre, tel que je suis, au niveau de tous.

Albert Camus lors de son discours à Stockholm pour la remise du prix Nobel (1967)

10

Sabine Welsch : Le courage de se respecter

On ne sait jamais ce qui est assez avant
d'avoir connu ce qui est plus qu'assez.
William Blake

Quitter un homme ou une femme est le départ probablement le plus fantasmé, le plus partagé. Qui n'a jamais fait de la passion une idée fixe ? Qui ne s'est jamais fait peur avec la rupture ? Qui ne s'est jamais senti à l'étroit dans sa cellule affective ? Inconsciemment, ne plus aimer, c'est ne plus exister. La traversée du désert absolue. On hésite parfois toute une vie.

Rompre avec l'inconfort – ou le trop grand confort d'une vie amoureuse, est parfois nécessaire, vital. On ne se sent plus en cohérence, il y a un modèle à déchirer.

Se retirer du jeu, c'est ne plus accepter des règles, c'est aussi avoir l'espérance que l'on saura en réinventer de nouvelles. Difficile à l'heure où l'on ne sait plus où diriger ses pas. Rompre, c'est accepter de passer pour un(e) égoïste et (se) faire souffrir, c'est quitter une projection de soi dans le futur et admettre que l'on s'est peut-être trompé. Sur l'autre et sur soi. Rompre, enfin, c'est changer de peau. Et, avant de rebondir, commencer par se trouver nu.

À certains, il faut du courage pour partir, à d'autres, du courage pour rester : ce qui importe, ici ou là, c'est de briser ses chaînes pour retrouver son unité.

Journaliste, Sabine Welsch mène d'ordinaire les entretiens. Elle a plus l'habitude d'écouter les autres que de se confier. Alors elle parle à deux mille à l'heure. Elle a perdu la chronologie. Elle revient en arrière, consulte son journal de l'époque. Elle continue, s'étouffe quelques secondes dans des larmes. On passe. D'un rendez-vous sur l'autre, elle ne présente plus l'histoire de la même façon : une fois triste, l'autre fière.

Par respect pour sa belle-famille et son ex-mari, des aristocrates du *Who's Who*, surtout par ménagement pour son fils, Sabine ne dévoile pas son identité. Elle ne livre pas une histoire *people*, elle livre son histoire. Celle d'une femme qui se ne trouve pas à sa place, qui tâtonne dans son rôle d'amoureuse et de mère. Elle a quitté son mari après cinq années de mariage, cinq années où elle en a plus appris sur elle-même que pendant toute sa vie. Une sorte d'enfer où elle a joué le rôle de victime consentante et dont elle assume aujourd'hui sa part de responsabilité. Elle n'y a pas perdu toute sa naïveté. Ce qui pourrait être sa faiblesse est aussi son charisme. Celui de l'innocence.

Ce n'est pas seulement un mari qu'elle a quitté, l'enjeu dépassait la simple rupture amoureuse. En effet, la question n'était pas tant pour elle de trouver le courage de quitter son mari que de comprendre pourquoi c'est lui qu'elle avait choisi et comment elle avait pu accepter, année après année, d'être humiliée en tant que femme et en tant que mère. Cela a duré cinq ans, cela aurait pu durer davantage. À ce jeu-là, certaines perdent toute leur vie : certaines femmes battues ne rêvent même plus de départ...

Le parcours fut pénible pour arriver à comprendre, pour réparer une image d'elle-même qu'elle a laissé s'abîmer, pour se respecter à nouveau. Et pour retrouver la confiance d'aimer. Un autre homme. Mais aussi, et surtout, son fils.

Paris, porte de St-Ouen, février-avril 2002.

Il m'a avoué qu'il avait tué un homme. Qu'il s'était entendu avec la famille et versait à la mère de la victime 8 500 francs chaque mois pour éviter des poursuites judiciaires. Je l'ai cru. Pendant des années, j'ai fait tourner la maison en grande partie avec mes économies : outre une très bonne prime de chômage, j'avais libéré des stock options en quittant mon emploi à la télévision. Je ne saurais mieux avouer ma crédulité. J'avalais tout, tout cru. Mon rôle était tout trouvé : j'allais être victime.

Je me suis mariée immature. Je sortais d'une grande détresse amoureuse dont, deux ans après la rupture, je n'arrivais toujours pas à me remettre. Épouser un homme pour lequel je n'éprouvais pas de passion me semblait tout ce qu'il y a de plus rassurant, sécurisant. Je pensais éviter le risque de souffrir. Je me suis attachée à lui, je croyais être amoureuse, sans plus, cela me paraissait bien. Au départ, j'ai été très séduite par les valeurs qu'il prônait, comme la loyauté et l'honnêteté. C'étaient des valeurs auxquelles j'aspirais, cela m'a beaucoup impressionnée. En convolant avec un noble, j'espérais épouser des valeurs, une noblesse de cœur. Cela a beaucoup compté dans ma décision de me marier. C'était même ma motivation première. *A posteriori*, je réalise que j'ai fait un mariage de raison.

C'était un mariage tout à fait idéal pour maman : mon mari était un noble, j'entrais dans un conte de fées, je faisais le mariage de lady Di. Nous nous sommes mariés dans une abbaye cistercienne. Ma belle-mère m'avait alors dit une phrase curieuse : « Si vous changez d'avis trois minutes avant de passer devant l'autel, je ne vous en voudrai pas »... Je n'avais pas compris. Je me souviens de la solitude dans laquelle je me trouvais ce jour-là. Je me revois dans ma robe de mariée, assise seule dans ma chambre. Je ne savais pas ce que je devais faire, je n'étais pas préparée à ce nouveau rôle. J'étais inconsciente mais sincère.

L'échec de mon mariage, je le porte à cinquante pour cent, car j'étais un terrain favorable. Je suis un Capricorne avide d'absolu. Cet absolu, je l'avais longtemps cherché dans le travail, suivant la seule direction que mes parents m'avaient indiquée. Nous étions une famille un peu atypique. Ma grand-mère maternelle était licenciée ès sciences – fait rare pour une femme de son époque – et fut l'assistante de Marie Curie. À vingt-trois ans, j'étais à la hauteur des ambitions de mes parents : je passais tous les soirs à la télévision pour présenter le journal sur une chaîne câblée. J'avais rempli le contrat. Pourtant, je sentais que j'étais dans une impasse, que ces paillettes ne répondaient pas à mes besoins. J'étais une enfant unique, je n'avais jamais exploré ma vie intime, mes sentiments, je ne me connaissais pas. J'ai une personnalité assez complexe, troublante, mais j'étais incapable de guider l'autre dans le dédale de mes contradictions. Je m'y perdais moi-même.

Hadrien est aristocrate et je savais que, dans son milieu, la tradition veut que les femmes cessent de travailler pour se consacrer à leur maison et à l'éducation de leurs enfants. Je savais donc qu'en l'épousant j'allais avoir la liberté de m'arrêter pour souffler, que je pourrais réfléchir à ce que je désirais plus profondément. Grâce à l'opportunité qu'il m'a offerte, j'ai passé les cinq ans de notre mariage à réfléchir sur moi. Cela a été comme dix ans d'université, je n'ai jamais autant appris que durant ces années-là. J'avais tout investi dans le travail, je n'avais que des repères professionnels, sur le plan humain j'étais encore un bébé. Il y avait une distance colossale entre ma maturité professionnelle et intellectuelle et mon immaturité affective. Je devais faire une session accélérée !

La décision d'arrêter de travailler, je l'ai prise très vite. C'était pour moi un acte de révolte. J'avais tellement été dressée, conditionnée à être autonome financièrement. C'était une vocation familiale, presque un sacerdoce. Je ne voulais plus que ce soit le travail qui donne du sens à ma vie. On me l'avait fait croire, je n'étais plus d'accord. Dans les camps de concentration, il y avait cette plaque : « Le travail, c'est la liberté ». Je n'ai pas perdu ma liberté avec mon mari : je n'en avais pas davantage lorsque j'étais esclave de ma volonté de réussite sociale. J'étais une esclave dans l'âme et j'ai été mise, nez à nez, avec cet esclavage.

J'avais quitté mon métier mais aussi mon passé, mes amis. C'était une déstabilisation volontaire, je voulais explorer un monde que je ne connaissais pas. Je n'ai pas senti le danger. Ma grand-mère maternelle s'était suicidée. Elle s'est allongée sur le lit de sa fille de onze ans et s'est tirée une balle dans la tête avec le pistolet d'ordonnance de son mari. Je suis persuadée d'avoir revécu avec mon mari ce qu'elle a vécu avec le sien : la culpabilité. Et moi aussi j'aurais pu y passer.

Je suis tout de suite tombée enceinte. J'ignorais littéralement tout ce que signifiait « être mère » parce que j'avais vécu une drôle d'enfance. Mon père était un intellectuel, un savant Cosinus puissance 10. Mes parents avaient une relation très fusionnelle, ils vivaient dans une sphère hors du réel, leur amour était castrateur, étouffant, ce n'était pas un modèle de couple, mais je n'en avais pas d'autres. Mon père a eu un accident cérébral à trente ans et s'est réveillé amnésique. Il a cessé toute activité. Ma mère s'est mise alors à travailler, tout en devenant, au fil des ans, un « musée pathologique » : elle n'a pas échappé à une seule maladie grave, sauf au sida. J'ai été conçue après l'accident. Je n'avais aucune idée de ce qu'était un enfant : j'avais la sensation d'avoir grandi en protégeant sans cesse mes parents malades. J'étais une enfant responsable. Ma famille avait été décimée dans les camps de concentration, je n'avais pas un seul cousin ou cousine. Je n'avais aucun référent pour répondre à la question : « Qu'est-ce qu'être mère ? » Ma mère, s'étant de fait trouvée orpheline à onze ans, avait aussi eu une vision tronquée de la maternité. Nous ne savions pas « être mère », de génération en génération. Ses valeurs n'étaient pas les miennes. Pour elle, « un enfant, ça pousse tout seul », il n'est pas nécessaire de s'en occuper. Enceinte, je suis allée aux Galeries Lafayette et j'ai fait une razzia sur tous les livres traitant de la maternité. J'ai mis mes lectures dans une marmite et j'ai mélangé les concepts. Cela n'a engendré que de la confusion dans mon esprit. Si j'avais été soutenue sur le plan affectif par mon mari, je m'en serais sortie.

J'ai très mal vécu ma grossesse : je n'avais pas de respect pour mon corps ; dans mon schéma, seul l'intellect comptait. Mon corps se modifiait, cela me dérangeait. Je faisais des crises de sciatique. Je me souviens d'un soir où nous allions dîner chez des amis. J'ai eu une crise aiguë et je suis tombée par terre. Au lieu de me tendre la main pour m'aider à me relever, mon mari m'a insultée, me disant que je n'avais aucune dignité. Cela est tout à fait symptomatique de l'atmosphère dans laquelle je vivais avec lui. Je n'avais pas de repères, je vivais en vase clos, je ne me rendais pas compte. Pendant ma grossesse, je me suis « gavée » des livres de science-fiction de Stephen King. Je crois que je vivais tout cela comme une horreur. L'accouchement, en 1992, s'est très mal passé. Puis, mois après mois, chaque fois que je faisais un geste, mon mari et ma belle-famille le trouvaient inapproprié. Je me précipitais dès que mon fils Jean pleurait. Chez eux, cela ne se fait pas. Pour ces aristocrates, il y a une seule façon de faire les choses et je n'avais pas la bonne. Quand j'essuyais la table, ma belle-mère repassait derrière moi... Je n'étais pas soutenue, je ne trouvais pas mes marques, j'avais besoin que l'on me donne confiance dans ma capacité à être mère. J'étais terriblement angoissée. Du coup, inévitablement, lorsque mon fils pleurait, j'étais incapable de le calmer, c'était toujours mon mari qui y arrivait et cela m'a terriblement fait souffrir. Ils s'entendaient si bien tous les deux, je me sentais exclue. J'ai été marquée au fer rouge par l'idée d'être une mauvaise mère.

Hadrien gagnait très confortablement sa vie mais il me le cachait. Nous avons déménagé pour aller nous installer dans l'ancien hôtel particulier de ses parents, deux cents mètres carrés à Versailles. Là-bas, je me suis sentie plus isolée encore. Pour le moindre déplacement à Paris, je mettais une heure et demie, il y avait toujours des embouteillages. Il gagnait près de cent mille francs par mois et me persécutait sur les factures d'électricité. Moi qui avant mon mariage passais à la télé tous les jours, je me faisais reprendre pour des casseroles mal lavées. Nous entretenions des relations sado-maso sans que j'en aie conscience. Je me souviens d'un matin où je sortais toute fraîche de la douche. Il m'a regardée et m'a dit : « Avec cette robe, ta poitrine paraît plus forte. » Subitement, sous son regard, je me suis sentie pataude.

Je n'étais plus une femme mais un objet, je me suis sentie salie. Rien n'était jamais direct, tout était sournois.

Je voulais tellement bien faire que cela me rendait vulnérable, et le moindre reproche m'affectait énormément. Je ne savais pas cuisiner. J'avais pris des recettes simples de mon grand-père pour lui préparer de bons petits plats. Je me souviens d'un après-midi passé à éplucher très finement des pommes de terre pour une recette délicieuse que j'espérais réussir. Quand il est rentré le soir, il n'avait pas faim. Il n'avait jamais faim quand je cuisinais, quelle que soit la qualité de ce que je lui préparais. C'était de petites humiliations quotidiennes. J'avais chaque jour une plus piètre opinion de moi-même. Ma belle-famille était, par ailleurs, la froideur incarnée. Je suis toujours restée une pièce rapportée, une étrangère parmi eux. Moi qui avais le sens de l'hospitalité et qui suis enthousiaste, avec eux je m'étiolais, je ne pouvais pas m'épanouir dans ce milieu. Leurs conversations étaient sans vie : ils parlaient de patrimoine immobilier, de meubles anciens à retaper, de refaire la toiture… Quand je surprenais mon beau-frère en train de lire, il s'agissait d'un western financier ! C'était un enterrement de première classe.

Nous avons acheté une maison de campagne dans la Creuse. J'avais du mal à me remettre de l'accouchement, j'étais moralement à plat, je ne m'y sentais pas chez moi, je m'y ennuyais à périr. Je me sentais épuisée, vraiment.

Hadrien a peu à peu dressé notre fils Jean contre moi. L'enfant me parlait mal, comme son père, mais je n'en étais pas consciente. Dès qu'il a eu un an, il s'est mis à me gifler. J'étais totalement désemparée, je ne savais comment répliquer. Imperceptiblement, j'ai commencé à devenir l'esclave de mon fils comme je l'étais de son père. Le royaume de mon mari était celui de la force, notre fils l'imitait. Dès qu'il réclamait quelque chose, j'accourais, je sentais qu'il me méprisait, il était « programmé » comme ça : j'avais le rôle du faible à la maison, de la serpillière, et j'étais consentante, participante.

J'ai alors rencontré Anne, une psychanalyste, qui est en quelque sorte devenue une seconde mère. Avec elle, j'ai essayé de tout faire pour que la relation entre Hadrien et moi se redresse. Je suis repartie de zéro. Dans un premier temps, Anne le défendait, le justifiait. Je ne demandais qu'à m'améliorer, à être une bonne épouse et une bonne mère. J'avais beaucoup de défauts, j'avais entrepris de réviser ma personnalité. Je ne le mettais pas en cause. Je cherchais à comprendre mes erreurs à moi. Dans mon esprit, mon mariage fonctionnait mal par ma faute.

Toute ma confiance en moi-même avait reposé sur le travail. C'était une grosse faille sur laquelle Hadrien appuyait sans arrêt. Mon mariage a par ailleurs été un révélateur. J'ai ainsi réalisé que les amies que j'avais eues auparavant étaient toutes des glaçons, que c'est moi qui entretenais les relations, les conversations. Je ne tombais pas de si haut avec Hadrien…

J'étais en voiture avec Anne et elle m'a brutalement demandé si j'étais sûre que cette histoire de meurtre était vraie. D'un seul coup, j'ai vu le mensonge. J'ai éclaté de rire. Un rire libérateur. La faute n'était plus enfin sur mes seules épaules. Tout a basculé. Il y avait autre chose qui n'allait pas en dehors de moi. J'ai commencé à tirer ce fil. J'ai compris qu'il me manipulait sans arrêt. Il me traitait comme une enfant. Un jour, j'avais oublié de fermer la voiture à clé. Il a pris l'autoradio et l'a cachée pour me faire croire qu'on l'avait volée. Il voulait me donner une leçon. Il se présentait comme un homme parfait avec une femme malhabile qui ne savait pas y faire. Je n'étais plus rien, ni journaliste ni bonne épouse... Une enveloppe vide.

J'ai organisé un face à face, une rencontre au sommet, entre nous deux. Au bout de deux heures, il m'a avoué tous ses mensonges. Il avait toujours menti pour se protéger de sa mère. Il m'a été reconnaissant d'avoir provoqué ce dialogue, je crois que cela l'a soulagé. Il avait été tordu par son éducation. Au fond, c'est quelqu'un de bien. Le mensonge était sa seule défense, je le comprends aujourd'hui.

Après deux ans passés à travailler à « m'améliorer », j'ai commencé à regarder ce qui n'allait pas chez lui. Les mensonges en cascade, la façon dont il me dévalorisait, me manipulait, le « dressage » de Jean contre moi. Le premier acte que j'ai posé pour reconquérir son respect a été de lui demander de l'argent. C'est son unique valeur. Il me méprisait parce que je n'y attachais pas d'importance. Nous n'avions pas le même Dieu. Je lui ai demandé 8 500 francs par mois pour la gestion courante de la maison. Éduquée dans l'idée qu'une femme doit être indépendante, il m'était humiliant de demander de l'argent à un homme. Cela a été une révolution pour moi. Comme un commerçant dans l'âme, il a essayé de négocier. Je devais justifier l'argent que je réclamais. Pour m'intimider, il a brandi la menace du divorce. Il pensait que cela me terroriserait. Je l'ai pris au mot et j'ai retourné l'arme contre lui. Je cherchais à redresser la barre entre nous, à retrouver ma dignité vis-à-vis de mon mari. Le divorce, je n'y croyais pas mais j'y étais prête.

Le second acte a été de ne plus accepter qu'il me parle sur ce ton et de lui répondre. Je reprenais lentement confiance. Je comprenais enfin qu'il n'était moralement pas dans son droit. Un week-end où j'étais particulièrement fatiguée, je suis partie seule me reposer chez Anne. Notre fils avait été opéré des testicules quinze jours plus tôt. Hadrien m'a appelée à la campagne, sur un ton paniqué, en me disant que la cicatrice de Jean s'était rouverte. J'étais dans une dynamique de culpabilité, il espérait me faire peur. Il pensait que la peur me ferait rentrer. Grâce à Anne, je n'ai pas cédé à son chantage affectif. À mon retour, le dimanche soir, la blessure de Jean était évidemment intacte. À partir de là, je ne me suis plus laissé faire, j'ai retrouvé peu à peu ma fermeté. Plus rien ne passait. Je suis devenue une autre personne. J'ai aussi commencé à prendre soin de moi, j'ai refait toute ma garde-robe. Jusque-là, je ne me soignais pas beaucoup. En prenant soin de moi, je l'incitais à prendre soin de moi. Son comportement s'est énormément modifié. J'assistais à une métamorphose de sa part au fur et à mesure que je me transformais. Il a arrêté de me mentir. Il a recommencé à me faire confiance, il voulait que ça progresse entre nous. Quand tout est rentré dans l'ordre, il a désiré un second enfant. Le simple fait d'y penser me faisait pleurer toutes les larmes de mon corps. Cela me plongeait dans un profond désespoir, c'était simplement inenvisageable. Je ne comprenais pas pourquoi.

Ma tante Babeth est morte. Il l'aimait beaucoup. Un événement m'a montré qu'il cherchait à capter une partie de l'argent de l'héritage. Ma prise de conscience a été fulgurante : nous n'avions pas, nous n'aurions jamais les mêmes valeurs. Même avec quelqu'un qu'il aimait, il cherchait un profit financier... Jusqu'alors, je n'avais pas senti que c'était une valeur si forte, absolue pour lui. Nous n'avions plus rien à faire ensemble. Je suis partie marcher seule dans les rues de Versailles avec une force dans le cœur, quelque chose de très puissant en moi. J'ai compris que je ne pouvais pas faire ma vie avec lui, que c'était la raison pour laquelle je pleurais tout le temps, que je le savais intuitivement depuis longtemps.

J'ai pris la décision de divorcer. Sur le moment, je pensais que je n'aurais droit à aucune pension, car c'était moi qui en faisais la demande. Je n'avais plus de travail, plus d'argent, Jean était plus proche de son père que de moi, j'ai pensé que je perdrais la garde de mon enfant. Pourtant, j'étais convaincue de la justesse de ma décision. Je n'étais pas dans ma voie. J'ai cherché et trouvé dans mon passé des moments où j'avais réussi des choses dont j'étais fière. Cela m'a donné de la force : il n'y avait pas de raison que je ne puisse réussir à nouveau.

Je suis rentrée, décidée à trouver du travail. Je n'avais pas cherché à entretenir mon carnet d'adresses, je n'avais plus la moindre relation nulle part. En tout cas, je savais une chose : je ne voulais plus faire de télévision. Mon père était un mégalomane, mais l'aspect positif de son éducation est qu'il m'avait appris à voir grand. Il avait été l'un des pionniers de la radio et de l'histoire de l'archéologie et célèbre en son temps. Il était considéré par beaucoup comme un petit surdoué. Depuis sa maladie, il était resté figé dans son passé. Ma mère m'avait confié comme mission de reprendre le flambeau. J'étais destinée à être Montherlant sinon rien. J'avais vocation à être le génie de service. Cela m'avait paralysée pendant des années. J'avais choisi la télé, le brillant de la télé. J'ai compris que je devais renouer avec l'écriture. Pour sonder la réalité, je suis entrée dans un kiosque acheter un journal de petites annonces pour connaître les prix des locations d'appartements et voir les offres d'emploi pour trouver des idées de petits boulots. Une annonce a retenu mon attention : « Cherche jeune fille cultivée, aimant la littérature et l'art, possédant une voiture pour travailler avec journaliste-éditeur. » C'était taillé sur mesure pour moi. Je ne pouvais y croire – j'avais appris à me méfier des illusions –, mais j'ai répondu tout de même, à tout hasard. De retour à la maison, j'ai décidé de faire mes comptes. J'ai pris tous mes talons de chèque pour évaluer les dépenses que j'avais faites pour la maison de campagne et les travaux. J'avais dépensé près de neuf cent mille francs ! Je prenais conscience des réalités. J'avais vraiment vécu dans un étau. Une semaine plus tard, à ma grande surprise, j'ai reçu un coup de téléphone du journaliste-éditeur pour une rencontre. J'ai co-écrit avec lui un livre sur l'Islam. Je n'ai jamais été payée, mais cela a été un vrai stage de réinsertion pour moi : je me suis réconciliée avec ma capacité d'écriture.

J'ai annoncé à mon mari ma décision de le quitter. Pour préparer la paix, j'ai aussi préparé la guerre. Je suis allée voir une avocate et j'ai constitué un épais dossier sur les revenus de mon époux. Pourtant, il ne m'a pas prise au sérieux. Il ne pensait pas que j'aurais le courage d'aller jusqu'au bout. Dans son esprit, je voulais seulement faire du bruit, faire à nouveau évoluer notre couple. J'avais reconquis son respect, mais pas à ce point ! On ne peut pas rester mariée à un homme qui n'entend pas ce que l'on dit. Il m'a proposé un dernier voyage en Indonésie. Il espérait une réconciliation. Je suis partie au bout du monde avec lui car je lui devais bien ça. Je voulais lui donner sa chance, l'écouter. Je savais où j'allais, mais je devais lui donner la possibilité d'exprimer ce qu'il ressentait... Nous avons beaucoup parlé, nous avons fait l'amour aussi. Il a douté de ma force à le quitter jusque devant le juge. Il s'est montré très généreux. Nous nous sommes « bien quittés ». Il a déménagé, je suis restée dans la maison avec Jean. J'ai pris un « garçon au pair », une perle, cela faisait une présence masculine à la maison. Je me croyais libre.

Je suis alors tombée éperdument amoureuse, pour la première fois de ma vie. Tariq était un théologien musulman très brillant que j'ai rencontré professionnellement. J'étais fascinée par son intelligence. Il m'écoutait pendant des après-midi entières, j'en étais flattée. J'avais une image très idéalisée de lui : il était religieux. J'en ai d'abord déduit qu'il était presque parfait. Je fonçais tête baissée avec la même naïveté que lorsque j'avais confondu la noblesse de sang d'Hadrien avec la noblesse de cœur. Il m'a demandée en mariage dès notre premier baiser. Nous étions inséparables, l'idée de l'épouser me semblait évidente : il m'aimait, je l'aimais. Il a dû retourner en province pour son activité professionnelle. J'ai alors fait une des grandes erreurs de ma vie : je l'ai suivi, sans Jean. J'ai annoncé à Hadrien que je partais travailler hors de Paris. Je ne mentais pas réellement car nous avions un projet de livre ensemble. J'ai demandé à mon ex-mari de revenir à la maison vivre avec Jean. Je sentais qu'il était sur le point d'entamer une procédure pour avoir la garde de notre fils. C'était pour moi l'épreuve de vérité. Un test sur leur vie à deux sans moi.

Je suis partie rejoindre Tariq, je me croyais flamboyante, neuve, c'était l'amour fou, fusionnel, je découvrais ce qu'était le plaisir mais j'avais mûri, il n'était pas question que je perde à nouveau cinq ans : je ne voulais pas me marier avant d'être sûre de nous deux. Je quittais tout, je n'avais toujours pas de travail et je suivais un homme qui était tout pour moi. J'avais vécu une vie tellement sérieuse depuis toujours, ancrée dans le devoir. Il y avait eu peu de place pour la joie de vivre et l'insouciance. Je faisais une crise de folie, une crise d'adolescence en retard, je ne savais plus qui j'étais, je n'avais plus de repères. Je découvrais la légèreté de vivre, je découvrais ce qu'était aimer.

Je ne vivais plus qu'en fonction de lui, pas de moi. J'étais complètement seule, plongée dans un univers musulman. Nous étions en joutes oratoires permanentes, nous avions des conversations théologiques passionnantes. Il me réveillait la nuit en me disant : « Parle-moi de tes convictions. » J'étais flattée mais je comprenais peu à peu que nous vivions une guerre de religion souterraine, que nous entretenions un rapport de forces. Progressivement, j'ai vu qu'il n'était pas celui qu'il disait être, qu'il n'avait pas la pureté religieuse dont il parlait. Il y avait une grande confusion dans mon esprit. Un jour, je suis allée l'écouter prêcher dans une mosquée. J'ai dû me voiler. J'ai compris que je n'avais pas ma place dans son univers. Je suis partie sur la plage pour réfléchir et essayer de m'éclaircir les idées. J'ai alors traversé une crise profonde, comme si mon fils m'appelait, c'était une urgence, une évidence déchirante. Je devais rentrer immédiatement à Paris, c'était « tripal ». Je devais aussi quitter celui que j'aimais. Je n'avais plus la force de me battre à nouveau, il ne changerait pas. Je m'étais trompée sur nous, mais cette fois j'avais mis trois mois à le comprendre. Je suis revenue à Paris.

La séparation avec mon fils avait duré deux mois. Quand je suis arrivée à la maison, il a dévalé l'escalier en courant et s'est jeté, abandonné, dans mes bras. C'était la première fois. Je n'avais connu que son visage fuyant, son regard détourné. J'ai été bouleversée. Nous avons revécu tous les trois quelque temps, je dormais sur le lit pliable de mon bureau. Hadrien m'a proposé d'interrompre la procédure de divorce. J'étais à bout de forces, j'ai été tentée. J'ai résisté, je me sentais pauvre comme Job, paniquée, démunie, mais j'ai refusé. J'ai décidé de chercher du travail, de me reconstruire. J'ai cherché un appartement, Jean allait venir vivre avec moi. J'ai aménagé notre chez-nous. C'était la première fois. Avec Hadrien, je n'avais pas eu voix au chapitre concernant la décoration, et de toute façon je ne me sentais pas concernée. À l'époque, j'étais intérieurement comme un homme. Je ne m'intéressais pas à la couleur des rideaux et aux poignées de porte design... Depuis, je m'étais construite et mon intérieur me reflétait. J'étais seule avec mon fils, nous allions nous retrouver et recommencer à zéro.

L'aventure m'a appris à me connaître. Je ne regrette rien. Dans mes relations humaines, je suis plus en retrait, j'ai développé une réserve intérieure qui me protège. J'ai trouvé une confiance qui dépend moins des événements extérieurs. Les petites trahisons quotidiennes me blessent, mais je n'ai plus peur. La relation avec mon fils s'est purifiée. Nous avons été très marqués tous les deux. Depuis, nous cheminons l'un vers l'autre. J'apprends avec lui à devenir mère.

J'ai eu longtemps un visage inutile
Mais maintenant
J'ai un visage pour être aimé
J'ai un visage pour être heureux.
Paul Eluard

11

André Rochette : Le courage de se « laisser faire »

J'ai fait ce que j'avais à faire,
j'ai reçu ce que j'avais à recevoir,
j'ai donné ce que j'avais à donner.
Swâmi Prajnanpad

Pourquoi vouloir partir à tout prix ? Partir où ? Pour vivre plus, mieux ? Combien de couples se défont pour reproduire, si peu de temps après, la même situation avec un autre partenaire ? Combien quittent un employeur dont ils ne se sentent pas reconnus pour un autre qui ne les valorisera pas davantage ? *Pourquoi partons-nous avant d'être mûrs* ?

Pourquoi ne serions-nous pas exactement là où il faut ? Pourquoi la vie réserverait-elle de « bonnes places » à certains et pas à d'autres ? Pourquoi nous voudrait-elle du mal ? Pourquoi n'accueillons-nous pas les événements qu'elle nous propose ? Comment croire, en nous appuyant sur notre mental et nos émotions, que nous sommes capables de prendre les décisions qui s'ajustent à une situation donnée ? Pourquoi ne sommes-nous pas plus humbles, plus confiants ?

André Rochette a soixante-dix ans. Il a travaillé sans compter, il a exercé tous les métiers – artisan électricien, taxi, cultivateur de champignons, cuisinier et hôtelier –, il a aimé. La vie n'a pas toujours été facile, certaines déchirures ont été profondes. Aucune n'a été inutile.

À quarante-sept ans, pour la première fois de sa vie, il est parti en voyage en Inde sur une impulsion. Là-bas, une prise de conscience fulgurante l'attendait : « Je ne suis pas maître du jeu de mon existence. » À partir de ce moment-là, plus rien n'a jamais été comme avant, car découvrir que l'on n'est ni l'auteur ni le metteur en scène de son existence la rend immédiatement plus légère.

Il n'a plus cherché à peser sur les événements, plus voulu intervenir sur le cours des choses, plus cherché à trouver ailleurs ce que la vie lui proposait de vivre et de comprendre ici. Il s'est mis en état de « oui », oui à tout ce qui arrive, absolument à tout. Pour autant, il n'est pas dans la passivité : s'il n'est plus question pour André Rochette d'être aux commandes de son existence, il en est tout de même acteur et assume le rôle que la vie lui a imparti.

En faisant taire sa volonté personnelle, il a trouvé en lui une autre volonté, impersonnelle, l'intelligence bienveillante et protectrice de la vie. Aujourd'hui à la retraite, il s'est libéré des choix à faire. La vie s'exprime à travers ce qui « est », instant après instant, individuellement et collectivement. Il l'écoute avec son intuition, il laisse agir son cœur. Pour lui, à travers tout ce qui « est », rien d'autre ne s'exprime que l'immense loi de l'évolution universelle qui s'accomplit dans toute sa puissance et toute sa sagesse. Il la laisse faire avec confiance. Parce qu'il a compris que nager dans le sens du courant est sagesse, chercher à le remonter à contresens est folie.

Hauteville, chez André Rochette, avril 2002.

En 1979, je suis parti seul en Inde. C'était le premier voyage de ma vie et ce fut comme l'arrivée sur une autre planète. Il n'y avait rien de tel pour bousculer mes fonctionnements : plus jeune, les choses auraient sans doute étaient différentes, mais là, j'avais derrière moi quarante-sept ans de conditionnements ! Je suis parti car j'avais besoin d'aller respirer, de m'éloigner de ma vie, de faire le point. J'étais engagé depuis quelques années sur un chemin spirituel, tous mes repères s'étaient mis à bouger et vacillaient, c'était un véritable travail de barattage, je prenais conscience de moi à des niveaux jusqu'alors inconnus. Dans cette période de secousses intérieures, le voyage en Inde s'est imposé. De fait, mon départ a plus répondu à une poussée intérieure qu'à une véritable décision. Je n'avais pas préparé mon périple, n'avais aucun point de chute, je ne parlais pas l'anglais – ni l'hindi ! –, je m'étais contenté de faire ma valise et de réserver un retour en vol *open*. J'étais prêt à y laisser ma peau s'il le fallait.

Perdu dans New Delhi, je me demandais ce que j'étais venu faire là. J'étais tout simplement incapable de communiquer avec qui que ce soit, de demander mon chemin ou de prendre un billet de bus ou de train. Cela n'a l'air de rien, mais ne pas pouvoir exprimer sa volonté est quelque chose d'extrême. J'étais pétrifié de peur. J'ai erré pendant des jours puis, finalement, au terme d'immenses difficultés, j'ai pu rejoindre une petite ville. Le soir de mon arrivée, faute de mieux et grâce à la bonne volonté de quelques Indiens, je me suis retrouvé dans une maison, à dormir à même le sol, sans nourriture, sans boisson et sans espoir.

Le lendemain matin, une fissure fondamentale s'est produite en moi. En effet, parce que je ne savais plus quoi faire, je me suis remis tout entier dans les mains de la Providence. Dans cet abandon, dans ce « lâcher-prise » qui a pris place au cœur de ma peur et de ma désespérance, j'ai senti une bienheureuse détente se produire en moi. Ce fut un instant inoubliable et je sais désormais que, quoi qu'il arrive, si cet abandon peut survenir au plus profond de soi, la paix peut apparaître au plus fort des tempêtes.

En pleine conscience de mon incapacité de décision, j'ai vu la Providence entrer en action : à partir de là, la vie m'a fait faire le voyage qu'elle voulait que je fasse, pas celui que je voulais faire.

Pendant trois mois, comme par miracle ou comme par « hasard », je n'ai plus cessé de rencontrer des gens qui manifestement apparaissaient sur ma route pour m'aider, me guider, m'assister. C'est ainsi que, parmi 800 millions d'Indiens, j'ai rencontré un homme à qui mon maître sur la voie spirituelle, Arnaud Desjardins, avait rendu un service il y a dix ans. Par reconnaissance envers lui, il m'a pris en charge. Avec lui, j'ai vécu au milieu des Indiens, j'ai voyagé, visité des sites, rencontré des sages. Nous avons même été invités à une noce à Madras, ce qui était tout à fait improbable ! À travers ce périple initiatique, la vie m'a donné une leçon magistrale : elle n'avait pas besoin de moi pour m'amener là où je devais aller et faire les expériences que j'avais à faire. Je n'avais qu'à lâcher prise. J'ai peu à peu commencé à fonctionner sur l'intuitif. C'est presque simple : apprendre à ne plus résister à ce qui est, et, au-delà de la confusion mentale et de la peur, s'exercer à sentir ce qu'il faut faire et obéir à ce que l'on sent.

Parce que, par la force des circonstances, ma volonté personnelle – qui pèse le mouvement naturel des choses – avait momentanément lâché, la vie m'a emmené à droite, à gauche, elle m'a guidé à travers des rencontres, des événements. Elle m'a donné la plus belle leçon à tirer de ce voyage.

Quand on ne fait plus valoir son moi, le voile de l'illusion se déchire et l'on découvre avec stupeur que les choix de la vie se mettent en place tout seuls. L'intervention de l'intelligence de la vie m'a montré que c'est elle qui tient les rênes de mon existence, que c'est une autre dimension qui mène le jeu dans nos vies, à notre insu. Je ne m'interdis jamais la mise en œuvre d'un projet, ni d'exprimer le désir de telle ou telle chose, mais je ne m'y accroche pas car je sais que, pour finir, ce seront les choix de la vie qui s'accompliront. Quand la volonté du moi est inhibée, on devient tout naturellement à la fois le spectateur et l'acteur du scénario de sa propre existence. La vie est comme une mère qui me voudrait du bien, je n'ai plus qu'à apprendre à me laisser faire. À partir du moment où j'ai découvert la force de l'abandon à la volonté de la vie, je n'ai plus pu voir autre chose : dans les problèmes qui arrivent, les événements qui s'enchaînent, je ne vois plus que la main de Dieu.

Si je regarde mon existence, je vois qu'en définitive « tout est arrivé ». Je pourrais dire : « Je suis parti en Inde, c'est moi qui l'ai décidé. » En fait, j'étais poussé, attiré. C'était tellement fort qu'une certaine forme de réflexion était abolie. Je ne m'étais même pas interrogé avant le départ sur les lieux où je me rendrais, ni sur la façon dont je gérerais les problèmes de langues. Non. Des événements se sont produits, j'en ai suivi le mouvement plus que je ne l'ai précédé.

S'il y a des choix à faire, ce ne sont pas les miens. Je suis au service de la vie et de ce qu'elle veut pour moi aujourd'hui. Nous croyons volontiers que nous décidons entièrement, d'où, précisément, le poids de notre existence. Mais n'est-ce pas la vie elle-même, dont nous sommes des émanations en tant que forme, qui détermine les choix qui s'imposent pour chacun à travers une multitude de paramètres incluant l'intelligence humaine et sa capacité de réflexion ? La caractéristique du « moi-je » est de s'approprier ce qui ne lui appartient pas et ne lui appartiendra jamais. Nos destinées individuelles s'entremêlent pour dessiner la trame du collectif de la destinée humaine dans son ensemble. Si destinée il y a pour chacun, je préfère de loin y voir l'affirmation d'un « Je Suis » dont la vastitude inclut la totalité universelle dans son mouvement.

Un événement survient. Une seule décision s'impose : suis-je d'accord avec cet événement ? Notre seule liberté est d'accepter ou pas ce qui est. En fonction de cela, on agit, ou l'on réagit, on se détend ou l'on se crispe intérieurement.

Si la réponse à l'événement est non, c'est l'émotion qui répond à la situation, de façon mécanique, personnelle. Ce sera une réaction psychologique, avec ce que cela sous-entend d'égocentrisme. Avec une réponse personnelle, je m'enferme dans des raisonnements, je suis brouillé par mon émotion, mon intelligence ne perçoit plus la réponse adéquate. Voilà notre pays de servitude : la mécanicité psychologique et l'inconscient y tirent les ficelles... J'ai toujours été frappé par la sophistication de la mécanicité psychologique dans les comportements humains. Et là, où est la liberté d'action ?...

Si notre réponse est « oui », il n'y aura pas apparition de réaction émotionnelle. Une saine et libre réflexion, une fine intuition détermineront la réponse intelligente par excellence à la situation. Elle s'y ajustera parfaitement et naturellement d'une manière pure et impersonnelle, éclairée par un cœur apaisé, unifié et ouvert.

La dimension psychologique implique la multiplicité, la complexité, la conflictualité et, par conséquent, la non-unification. À partir de là apparaît le monde des choix, avec son cortège de doutes et de peurs. Dans le monde des choix, on se vit comme un auteur de la réponse, on lui donne du poids, on s'attache aux fruits de notre réponse. Dans le monde de l'évidence, on se vit comme serviteur, d'où la légèreté de l'action et la liberté par rapport à ses fruits…

Bien souvent, les questions à résoudre dans nos vies se posent dans la durée, la résolution du problème mûrit à son rythme. Pendant longtemps, notre réponse aux événements sera plus ou moins réactionnelle, plus ou moins libre, plus ou moins juste, mais c'est ainsi : la maturité suppose un chemin à parcourir. Un jour, l'heure sonne, on sait comment agir. Quand la situation est mûre, on quitte le monde du choix et l'on passe dans celui de l'évidence. En quelque sorte, ça ne discute plus en nous. Ce qui doit s'accomplir s'accomplit, c'est tout. On peut alors partir sans même se retourner. Un chapitre de la vie est clos.

Il y a une grande différence entre le choix, qui est l'expression d'une non-unification de la personne, et l'évidence, qui est l'expérience de l'unification, la réponse de quelqu'un de centré et d'invariable en nous. Celui qui est debout, qui s'efface devant la vie, n'a plus le sentiment que c'est sa volonté qu'il accomplit. Il sort du « je » émotionnel et de la dispersion qui le caractérise. Pour ma part, je ne veux plus rien refuser de ce qui est. Ce sera le summum de ma vie de quêteur spirituel :

être absolument d'accord avec tout, absolument tout ce qui m'arrive. Cela se résume par un désengagement de toutes les formes de « je veux, je ne veux pas » qui hantent l'homme psychologique et qui l'empêchent de tout simplement et tout merveilleusement ÊTRE, instant après instant. Être libre des « je veux » et des « je ne veux pas », c'est enfin pouvoir danser la vie telle qu'elle est, sans crispations, sans résistances, sans tensions. Sans aucun doute, là est la clé de la légèreté et de la joie intérieure que rayonnent ceux que l'on appelle les sages.

On ne commande pas les mystères de la destinée. Les choses arrivent. Point. Si je suis d'accord avec le mouvement de la vie, les situations ne me font pas souffrir. J'ai seulement à poser les actes qui en découlent. Ainsi, je commence, depuis quelque temps, à perdre la mémoire. Cela pourrait me faire peur, je pourrais souffrir en anticipant tout ce qui va peu à peu me lâcher... Non, je suis d'accord avec cela. Je prends des médicaments, car il serait fou de ne pas le faire. Mais je suis aussi d'accord s'ils ne donnent pas de résultats et je n'irai pas suivre un entraînement pour remuscler ma mémoire !

La souffrance n'est jamais l'expression de l'événement, mais de la façon dont j'y réagis. Si les événements avaient la capacité de nous faire souffrir, nous ne pourrions pas nous en libérer et, face à une situation donnée, tout le monde souffrirait de la même façon. Par exemple, face à un cancer, l'un se crispera dans le refus et ajoutera de la souffrance intérieure à la douleur physique, ce qu'évitera celui qui accueillera la maladie. Cela change tout quant au résultat final, car toute épreuve refusée écrase, quand une épreuve acceptée nous traverse et nous grandit...

À un moment donné du chemin, une capacité nouvelle de prise de conscience prend place dans l'être humain un Moïse se lève en nous. Il a le pouvoir de donner du sens et une cohérence là où ne règne que le chaos. Sous sa guidance, notre multitude intérieure peut se rassembler et se mettre en marche pour sortir du pays de servitude, se libérer de la toute puissance du mental et de la mécanicité. Moïse est le parfait symbole de la présence, ou de la clarté de conscience, qui doit se lever en notre être, une conscience d'un autre ordre que l'ordre psychologique habituel. C'est notre amplitude perdue à retrouver…

Au désert, Moïse, tel un berger, emmène tout le monde avec lui sans faire de distinction : les prêtres, les commerçants, les prostituées… Il ne fait pas de tri parce que, fondamentalement, tout le troupeau est d'ordre divin, donc sacré. Nous avons à prendre conscience de ce que nous sommes en totalité parce que le voyage se fait en tant que totalité. Si nous avons l'ambition d'entrer en terre promise, rien n'est à exclure de nous-mêmes : nous devons nous y rendre en entier, avec nos bouffées racistes, nos violences, nos peurs, nos frustrations, nos pulsions animales. Elles ont parfaitement leur place dans le voyage auprès de ce qu'il y a aussi en nous de pur, d'authentique, de délicat, de beau et de sacré. Nous avons à nous accueillir tel que nous sommes et sans restriction. Nous sommes libres de ce à quoi nous disons oui, prisonniers de ce à quoi nous disons non. Sachons que nous sommes ce que nous sommes, mais que nous avons un axe d'un autre ordre… Quand nous nous centrons, nos peurs, nos colères, nos rancunes n'ont plus le pouvoir, c'est le Moïse en nous qui le détient. Il le gère sans tension, donc sans souffrance. Tout cela est à l'image de certains phénomènes d'astrophysique. Comme ces anneaux parfaits, constitués de milliards de particules de matière qui gravitent – organisées, orientées et unifiées – autour de la planète Saturne, on peut un jour quitter le chaos pour entrer dans un système harmonieux et orienté où l'on est enfin entier et non plus tiraillé par des parts de soi qui se contredisent. Les anneaux ne sont unifiés harmonieusement que par la présence et le rayonnement de la force de gravitation centrale qui habite le noyau de Saturne. Que cette force disparaisse et tous les éléments constitutifs des anneaux retourneront dans le chaos primordial.

De même, il nous faut être entiers dans ce que nous faisons pour ne pas avoir de regrets. Tant que l'on a des choix en tête, que des parts de nous-mêmes sont pour et d'autres contre, c'est que l'on n'est pas encore unifié. La décision est prématurée : dès lors, si l'on prend une décision radicale, une partie de nous-mêmes reste à la traîne, on vit avec l'œil dans un rétroviseur. Pourtant, il arrive dans la vie que nous ayons à prendre des décisions à des moments où nous ne sommes pas prêts. Dans ce cas, acceptons au moins de nous tromper. De nous dire, à cet instant, dans cette situation, je ne peux pas faire autrement. C'est sans regret, qu'il en soit ainsi. De toute façon, en fonction des choix que nous faisons, si nous faisons une erreur nous passerons à la caisse. Ce n'est pas la peine d'en rajouter avec des regrets…

Lorsque j'ai pris ma retraite, il y a deux ans, je suis parti en voyage pour dix-huit mois autour du monde. Je suis parti pour tourner une page, c'était en quelque sorte un voyage de re-création. Là encore, le voyage s'est imposé à moi : je sentais que le moment était venu de m'arrêter, de mettre un terme. Comme si on avait besoin de s'éloigner de là où l'on a vécu pour apprendre à se reposer et à se renouveler. Après des années d'activité, je voulais apprendre à ne rien faire, partir à la découverte d'autres personnes, d'autres pays, me laisser guider par les plaisirs simples. J'ai mesuré la force de l'attachement à nos habitudes, à notre pays. Nous sommes tellement conditionnés par notre climat, notre alimentation, nos modes de vie... Ne plus entendre parler français pendant une longue période m'a permis de comprendre combien la langue maternelle était aussi une racine très profonde.

La découverte intérieure passe par la découverte extérieure et inversement. On n'est disponible pour voir et pour entrer en relation avec le monde que si l'on est en relation avec soi-même. Les voyages nous confrontent à notre peur de l'inconnu. En dix-huit mois, je suis passé de la Nouvelle-Calédonie à la Malaisie, de la Thaïlande à l'Inde et, enfin, à l'Irlande. J'ai pris un grand « congé sabbatique » pour décrocher de ce que je venais de laisser. C'était la fin d'une partie de ma vie. Pour clore une période, un voyage est un excellent « détergent »... Je laissais une activité professionnelle, un lieu, un mode de vie. J'ai vendu ma maison pour pouvoir partir sans lien mental. J'avais besoin de prendre un grand coup de respiration dans ma vie pour me rendre disponible à la suite.

J'ai d'abord passé six mois au bord du Pacifique, en Nouvelle-Calédonie, à ne rien faire. Ne rien avoir à faire est une véritable expérience ! Le temps est long avant que le mouvement de nos conditionnements ne s'arrête, nous sommes tellement pris dans le rythme de l'existence. Il m'a fallu du temps pour arrêter cette machine qui tournait en roue libre. Au bout de six mois, le pli était pris : j'avais appris à ne rien faire. Je suis ensuite parti me dépayser dans d'autres pays. Je ne pensais pas au retour – ayant vendu ma maison, je n'avais plus de lieu où me fixer –, je me disais que la vie et les choses se mettraient en place toutes seules. Après un an et demi de voyages, et près de vingt ans après avoir rencontré Arnaud Desjardins, une petite maison s'est libérée dans son ashram. Je n'avais jamais envisagé de m'installer ici car je crois que tout endroit convient pour être et pour vivre ce que l'on a à cœur. Pour suivre le chemin, il n'est pas nécessaire de s'enfermer dans un monastère. Je suis venu ici quand j'ai été mûr. Depuis, je rends de petits services, j'ai une retraite utile…

J'ai l'impression d'être dans une nouvelle existence, j'ai ouvert un autre chapitre, c'est encore une nouvelle naissance qui m'est proposée. Je ne pense plus à mon passé, je ne peux plus intervenir dessus. Je ne me sens responsable que du présent, la seule question qui compte vraiment pour moi est celle-ci : « Que me demande la vie maintenant ? » Quand on vit unifié dans le moment présent, les décisions et les actions ne provoquent plus de pensées. Le passé est réglé quand il est vraiment devenu du passé. Cela ne sert à rien de traîner des culpabilités. Si nous nous remettions honnêtement dans le contexte de l'époque, nous saurions que nous ne pouvions pas faire autrement, car nous étions mécaniquement mus par des forces inconscientes. Cela s'est fait. La culpabilité ne change rien au passé. Tirer du passé des conclusions pour aujourd'hui suffit.

Si nous n'étions pas mus par l'émotion, il y a quantité de choses que nous ne ferions pas. Nous nous contenterions peut-être de vivre, instant après instant… Les événements d'hier prennent souvent beaucoup d'importance dans notre tête. Nous ne sommes pas réconciliés avec notre passé et cela alors hypothèque notre présent. Le passé encore présent produit toujours de la souffrance. En revanche, dès que l'on s'ouvre à l'idée que tout ce que nous avons vécu a servi à construire notre évolution et à ouvrir notre conscience, nous pouvons nous réconcilier et nous libérer. Nous sommes prisonniers du passé car nous le refusons. Ce refus, avec les charges émotionnelles qu'il contient, est la clé de notre prison. Nous ne pouvons pas nous réconcilier avec notre passé tant que nous regardons négativement les expériences traversées. Le passé est une donnée incontournable, il est le subjectif qui empoisonne le présent. Nous devons apprendre à vivre dans le pur présent. Car c'est toujours aujourd'hui que nous sommes au maximum de nos capacités, c'est toujours dans l'instant présent que la vie est à l'œuvre.

Notre mental aime à dire « j'aurais dû » ou « je devrais ». La vie donne à chacun ce qui lui est nécessaire pour son évolution et ce n'est pas forcément ce que nous pensons être bon pour nous. La vie peut me donner des souffrances, mais je sais avec certitude qu'elle, la vie, ne me veut pas de mal. C'est dans le présent que tout se passe, la manifestation de la vie a lieu maintenant. Mais nous colorons tout avec notre passé. On ne vit pas dans le monde, on vit dans son monde, avec des lunettes colorées. On a toujours peur d'avoir quelque chose à perdre alors qu'il n'y a rien à perdre.

Il y a quelques années, j'ai eu un cancer de la prostate. Ma première réaction, après avoir consulté un médecin peu convaincant, a été de ne rien faire, de ne pas me soigner, de laisser faire. J'ai pris un risque mais je me sentais très vivant, très en paix dans ce jeu-là.

Quelques semaines plus tard, mon frère, sans que je lui aie rien demandé, m'a communiqué l'adresse d'un urologue réputé à Lyon. J'ai pris conscience que la vie me faisait signe et que ma prise de risque n'était peut-être pas très juste. Cela m'a incité à revoir ma décision. Je suis toujours prêt à modifier ma façon de voir, en particulier quand ce qui se produit vient de l'extérieur. Je n'écoute pas mon mental, mais j'écoute avec attention et prends très au sérieux les rencontres et les événements que la vie m'envoie tels des messages. Je suis alors allé voir cet homme, un humaniste avec qui le contact a été immédiat. Il m'a avoué que j'avais une véritable grenade dégoupillée dans le ventre. J'ai remis mon sort, non entre les mains d'un chirurgien et d'un anesthésiste, mais dans celles de la vie. Je suis parti à l'opération dans l'abandon. J'étais d'accord avec toute l'inconnue qui était derrière. Tout s'est bien passé. Je n'ai pas eu besoin de chimiothérapie et ne garde que de très légères séquelles.

Se soumettre à ce qui est n'est pas de la passivité. Tout lâcher dans les mains de Dieu, c'est la réponse absolue à toutes nos souffrances. Le maître indien Swâmi Ramdas [13], tout comme le pèlerin russe, s'en remettait complètement à la Providence. L'un et l'autre se contentaient de prier, sans jamais savoir où ils allaient dormir, ni ce qu'ils allaient manger. J'ai pensé pendant longtemps, moi qui avais tellement d'angoisses, qu'il fallait beaucoup de courage pour maintenir une telle attitude. Je ne le crois plus. Ils se sentaient tout simplement en confiance. Ce n'était pas un acte de

---

13 Lire notamment ses *Carnets de pèlerinage*, publiés chez Albin-Michel.

courage mais un acte de soumission heureux. Ils se sentaient en sécurité avec le divin. Dès lors, il n'y a plus la moindre peur à avoir.

Il y a des moments dans la vie où un virage doit être pris. Il faut cesser de dire « je » à tout bout de champ, ne plus penser ni dire « j'ai choisi ». Les circonstances nous amènent quelque part. Il n'y a pas de choix pur. Une décision se lève en soi avec force. Notre petit moi se mêle à tout, envahit tout, alors que ce sont les circonstances de la vie qui font les choix, pas notre petit « moi ». Et le reconnaître ne dévalue en rien la force à l'œuvre dans la personne humaine.

Je ne vois rien qui soit négatif dans la vie. Tout a un sens à décrypter. Il y a toujours un palier d'évolution à franchir dans ce que l'on peut vivre. J'ai soixante-dix ans, ma vie n'a pas été facile, mais je sais maintenant que tout, absolument tout, m'était nécessaire. Tout a laissé une trace, un message. Tout le passé, heureux ou malheureux, nous transforme à notre insu. Tout ce qui nous arrive nous sert à changer de stature, qu'on le veuille ou non, qu'on le sache ou non. À chaque expérience, la conscience se développe et se déploie. Le négatif n'existe pas. Le mental peut penser que ça l'est, mais il n'en est rien. Il y a des accidents de santé graves qui posent les gens devant l'essentiel de leur vie et de leur mort. Ils sont confrontés à la réalité. De fait, certains moments catastrophidramatiquesiables. Ainsi la mort de mon père a été un coup de grâce et j'en ai terriblement souffert pendant des années. Mais c'est aussi le jour où je me suis réveillé de ce sommeil immense dans lequel j'étais. La vie ne voulait pas que je traîne dans cette léthargie plus longtemps. La mort de mon père a été un des plus beaux cadeaux de ma vie… C'est là que toute l'aventure du chemin a commencé pour moi.

J'ai bien sûr connu des crises, des moments de découragement sur le chemin. Mais on ne peut pas ne pas repartir. Quand on a traversé la mer Rouge, elle se referme sur notre passage, on ne peut plus retourner en arrière. Il y a des points de non-retour qui sont franchis. On ne peut revenir à hier, on ne peut qu'évoluer. Paradoxalement, en évoluant, on retourne à l'originel en nous. C'est l'histoire biblique du fils prodigue qui rentre chez lui. C'est notre histoire. Nous avons quitté le paradis, son innocence originelle inconsciente, et nous en bavons. Tout le voyage se fait de l'innocence inconsciente à l'innocence consciente. Retrouver, dans une conscience mûre, l'innocence d'un tout petit, l'innocence du cœur.

Les rencontres et les événements sont une réponse souvent intraitable à ce que nous sommes en profondeur. Celui qui me fait face, dans son comportement, est une réponse à ce que je suis. Tout ce qui m'arrive me correspond. C'est la grande loi de l'attraction. Si l'autre a le pouvoir de me faire souffrir en quoi que ce soit, c'est que je lui en donne le pouvoir. Si le spectacle de la violence nous rend violent, c'est qu'il réactive une violence archaïque en nous. Essayez de mettre un sage en colère, vous échouerez, car il est purifié de tout potentiel de colère ! Par conséquent, l'autre, dans la souffrance relationnelle que j'entretiens avec lui, n'a qu'un pouvoir de détonateur, pas d'explosif. Je dois me tourner vers moi-même pour voir ce qui ne va pas. Je suis responsable de ma souffrance : le chemin met un terme à notre comportement de victime.

Je suis une forme de la vie qui évolue selon des données qui me dépassent. Mais je me sens aussi acteur, je sais que j'ai un rôle, des rôles, à jouer. Tant de gens sont mal dans leur rôle. Nous avons tous un rôle à jouer, et dans cette distribution-là, il n'y a pas de petits rôles... La vie n'arrête pas de nous y préparer, dans le respect de notre rythme. Pendant longtemps, on joue son rôle avec beaucoup de peurs, on n'est pas assez confiant. Mais la peur a aussi son rôle à jouer, elle est nécessaire un temps, car elle construit l'intelligence : regardez l'intelligence prodigieuse des animaux, même si on appelle cela l'instinct de conservation. C'est aussi un garde-fou, car avec la peur, on ne peut pas faire n'importe quoi. Néanmoins, il faut un jour savoir en sortir. Tout ce qui sert de point d'appui, si on ne sait pas le quitter, devient une prison.

Dans le mouvement d'évolution de la vie, tout se transforme en nous. Il n'y a pas à se demander comment changer. C'est aussi naturel que l'apparition d'une fleur ou d'un fruit. On ne serre pas un arbre pour accélérer la maturité du fruit. Il y a des événements qui nous secouent, qui nous réveillent et font mûrir naturellement le fruit. Cela nous sort de notre léthargie de mort-vivant.

Que veut la vie pour moi demain ? Demain ne m'est plus un problème. Demain ne m'appartient plus. Ma peur des lendemains a volé en éclats. Car demain se suffit à lui-même. Parce que nous avons mal réglé notre passé, nous avons cette maladie de nous projeter mentalement dans le futur. Ce n'est pas à nous de semer. Tout est déjà semé en nous. Avec le temps et notre lente maturation, tout germe. On n'a rien à devenir, tout est là depuis toujours. Un être sur le chemin ne va pas devenir autre chose que ce qu'il est. Au contraire, il prend conscience de ce qu'il est profondément et cela est de nature indestructible. Les grands êtres ne se projettent plus. Il n'y a plus en eux d'énergie investie dans l'avenir. Nous consommons et dispersons notre énergie en mettant cinquante points dans le futur et cinquante points dans le passé... Les sages, quant à eux, disposent de cent points pour le présent. Ils deviennent alors efficaces au présent.

À mon âge, je me retourne en arrière et je me dis que je suis d'accord avec tout ce qui s'est passé, j'en goûte les fruits aujourd'hui. Je suis d'accord aussi pour vieillir. Il y a quelque chose de bien à vivre : vieillir nous libère de l'avenir. Je n'ai plus d'avenir : quel poids en moins ! J'ai enfin une réelle opportunité de commencer à vivre dans la conscience du moment présent. Être délivré du passé et de l'avenir, notions temporelles, c'est d'ores et déjà vivre dans l'intemporel. C'est une libération extraordinaire de la pression du temps qui passe. De ce fait, je n'ai plus aucune angoisse sourde de demain. Je peux être entier dans l'instant, une partie de moi n'est plus investie dans la peur de demain. Quand je vais au cinéma, j'y suis à cent pour cent car rien ne m'attend après, tout moi y est. Enfin.

Sur un fond de confiance totale en la vie, qui s'affirme d'année en année, je vis dans la rassurante certitude que cette vie si intelligente me donnera toujours ce qui me correspond. Et je suis persuadé qu'à travers la mort qui viendra un jour, en invitation au plus inimaginable des voyages, la vie continuera de me conduire à la découverte de ce que j'ignore encore.

Lorsque vous avez une décision à prendre, il arrive que l'Esprit vous libère au maximum des conditionnements qui, la plupart du temps, diminuent votre responsabilité dans vos choix. [...]. On dirait que tout ce qui touche d'ordinaire vos sens s'écarte pour respecter le plus possible votre liberté.

Marcel Driot

Conclusion

Dans les événements de tous les jours, à peine moins fluides que les rêves, l'homme est peint en grandeur colossale et il ne se reconnaît pas.
Emerson

De quoi avons-nous si peur ? Peut-être, simplement, de notre peur. Pourtant, sans cette infirmité-là, les aventures humaines n'existeraient probablement pas. Le courage et le dépassement seraient un vain mot. Nos départs n'auraient que peu de sens.

Qu'est-ce qu'un départ réussi ? Il est d'abord, et avant tout, paradoxal, car il semble reposer sur une aptitude à habiter notre propre solitude. Dans les bouleversements multiples qui sont ceux de nos vies, l'homme se dénude, se découvre. Il nous faut même nous résoudre à ce qu'une partie de tous ces changements ne serve, *in fine*, à rien d'objectif. Cela est presque rassurant…

Tous, à un moment ou à un autre, face au départ, nous hésitons, nous entrons dans le déni de nous-mêmes, en allant à l'encontre de nos désirs et de nos besoins profonds, mal identifiés. Tout va bien. Du moins, tout ne va pas si mal… On y croit longtemps. On perd du temps, on perd son temps.

On peut passer une vie à partir sans bouger ce qui doit l'être… Le réel à transformer est d'abord ici. Cessons d'entretenir ce rêve – ou cette terreur – d'enfant où l'on croit qu'il faut toujours tout recommencer à zéro. Si nous devons partir, que ce soit dans la continuité de ce que nous avons déjà posé… Le courage de partir est offert à ceux qui ouvrent les yeux sur leurs réalités, et même sur leurs fragilités, et qui réalisent que c'est de fidélité à eux-mêmes dont il est question. Partir est un choix qui ne doit pas dépendre de la pression de l'extérieur.

L'appel au départ, au voyage, est intérieur, violent, intransigeant. Pourtant, de fait, nos voyages extérieurs parlent souvent mieux que nous de nos voyages intérieurs. Nos errances ailleurs dévoilent nos tâtonnements ici. Le voyage le plus lointain est parfois nécessaire pour parcourir le chemin qui nous mène au silence qui bat, tout près, dedans. C'est un appel au mouvement pour connaître, ensuite, peut-être, le repos.

On ne part pas pour réparer un passé inchangeable, mais pour se rapprocher de la réalité de soi-même, pour prendre en main son présent, pour maîtriser son avenir, peut-être le rendre meilleur. On part pour se reconstruire, pour se retrouver. On part pour se renouveler, pour vivre au moins une seconde qui nous ressemble. Affronter sa peur, c'est ne pas s'y arrêter, ne pas la nier, c'est la traverser. Avoir le courage de partir vers l'inconnu, c'est prendre la route avec un désir libéré, même si on en ignore encore toute la profondeur. C'est s'écrire une vie sur mesure, une vie où l'on n'est pas l'homme, ou la femme, d'une seule possibilité.

Un matin, l'aube se lève et une voix intérieure, pressante, se fait entendre. On sent que l'on va changer de direction. Pour certains, un murmure, pour d'autres, un cri. Un ordre jaillit, tenace, entêtant, obsédant, celui d'affronter sa vie sans faiblir. Là, maintenant. Nos oreilles sourdes entendent, nos yeux d'aveugle se dessillent et l'on voit, et l'on sait, avec certitude, que le surplace est devenu mortifère.

Quand on est à la croisée des chemins, on le devine toujours. Quelque chose en nous ne sonne plus juste. On pressent qu'il est temps d'entrer dans sa véritable histoire, que l'autre, tiède et « extérieure, n'en est que l'ombre [14] ». Le courage de partir, c'est alors entrer en contact avec notre être intérieur, cette part blanche en nous, intacte, sans peur. Vient alors le moment, libérateur, de la confiance pleine, le moment où l'inconnu – « qu'est-ce qui m'attend ? » – fait moins peur que le connu. « *L'esprit ne commence que d'un coup, et en une seule fois* [15]. »

Le courage de partir, c'est, subitement, une certitude, un instinct de vie d'une force qui ne se contient plus, que l'on n'a, surtout, plus envie ni besoin de justifier. La vie se justifie. Nous nous devons d'oser cela, au moins une fois. Être digne de cette aspiration fondamentale qui nous appelle. Aller au bout d'un bout de soi. Reculer nos frontières, obéir à une loi intérieure, à la voix qui sent et qui sait que nous valons mieux que nos esclavages. Affronter nos fantasmes, nos angoisses et nos contradictions. Nos monstres intérieurs peut-être. Oser couper des têtes, même si c'est la nôtre.

---

14 Marcel Driot, *Devenir prière. Une vie d'ermite*, Nouvelle Cité, 1984.
15 Bruno Pinchard. *Méditations mythologiques*, Les empêcheurs de tourner en rond, 2002.

Celles et ceux qui ont témoigné ici de leurs parcours ont tous, à un carrefour de leur vie, trouvé plus important d'ouvrir la porte, de s'élancer et de plonger dans le brouillard que de savoir si leurs ailes allaient s'ouvrir et sur quoi ils risquaient de s'écraser. Aux frontières intérieures et limitées de l'Égypte, ils ont préféré l'illimité du désert, ils ont choisi d'être vivants. Ils se sont présentés unifiés, ils ont consenti à l'action de la vie. Leurs témoignages, intimes et universels, sont comme de l'eau de source qui coule de la roche, un diamant brut, non taillé, un miroir pour nous-mêmes, un jeu de transparence pour se regarder, s'entrevoir.

S'il est vrai que l'on rêve souvent de ce qui se passe sur l'autre rive, ces hommes et ces femmes ont sauté le pas et ont cherché, parfois sans espoir dans une dimension mais avec espérance dans une autre, la route qui monte depuis la plaine. Guides improvisés, ils prêtent leurs visages et se déshabillent sans fausse pudeur, ils parlent vrai pour nous aider à être à l'écoute de notre propre impulsion, à rêver et à construire notre avenir, unique. Leurs voix se font écho. C'est celui de l'homme qui se cherche et joue de sa voix dans l'ascension : tous les montagnards aiment le dire, la solitude n'existe pas en montagne.

L'autre rive, c'est en nous qu'elle se tapit, c'est à nous de la reconnaître, de la choisir, de la cueillir. Les personnes interviewées pour ce livre sont des passeurs, ils nous en rapprochent et nous y reconnaissons parfois dans leurs mots ceux qui nous habitent et nous feront rebondir. C'est à leur seconde naissance qu'ils nous invitent, celle où l'on désapprend et réapprend avec un regard d'enfant. Ils partagent ce rêve exigeant et communicatif des hommes nouveaux. Pourtant, cette rupture se vit souvent dans la solitude. Une solitude essentielle qui fait de nous des êtres uniques. Parce qu'elle ouvre enfin un simple tête-à-tête avec le cœur.

Les vrais départs nous transforment : celui qui dit « oui » ne sera plus jamais celui qu'il a été. Partir, c'est faire ce choix, mystérieux, de l'avenir sans condition… Et en être heureux, et en être fier. Car celui qui renonce à suivre sa voie perd quelque chose de lui-même. Si la géographie du voyage n'est pas balisée, la route a déjà été empruntée. Nous avons été précédés… Bien sûr, les fausses pistes existent, mais les balises pour indiquer les étapes aussi. La terre à atteindre est celle de la liberté de cœur. Demain ne sera pas plus beau, il sera plus honnête, plus vrai… Unique.

Le plus grand miracle attend dans ton regard.
Patrick Levy

Bibliographie des témoins

Jacques Arènes
Souci de soi, oubli de soi, Bayard, 2002
Dépasser la violence, L'Atelier, 2001
Accueillir la faiblesse, Desclée de Brouwer, 1999

Nicolle Carré
Préparer sa mort, L'Atelier, 2000

Josiane Criscuolo
Le Soleil brille pour tout le monde, Presse de la Cité, 1974
Vivre avec son handicap, Chroniques sociales, 1995
Femme arabe, Chroniques sociales, 2001
Chevalier de la Légion d'Honneur et Chevalier de l'Ordre du Mérite
Prix du courage quotidien 1984

Christine Janin
Objectif pôle Nord, Albin Michel, 1997
Le Tour du monde par les cimes, Albin Michel, 1993

Catherine Preljocaj
Le Bonheur pour une orange n'est pas d'être un abricot, Favre, 2001

André Rochette et Gilles Farcet
Par l'amour de la vie, La Table Ronde, 1997

Vidosav Stevanovic
La Neige et les Chiens, Belfond, 1993
Christos et les Chiens, Belfond, 1993
Milosevic, Fayard, 2000
1999. Chevalier de l'Ordre des Arts et des Lettres

Franco Zecchin
Nomades, Contrejour/Unesco, 1996

Pour entrer en contact avec l'auteur :
aducrocq@club-internet.fr

Table

« *Espaces libres* »
au format de poche

DERNIERS TITRES PARUS

100. *Le Cercle sacré. Mémoires d'un homme-médecine sioux*, d'A. Fire Lame Deer.
101. *Être à deux ou les traversées du couple*, collectif dir. par N. Calmé.
102. *La Source du bonheur*, de C. Boiron.
103. *Une passion*, de C. Singer.
104. *Cent prières possibles*, d'A. Dumas. Préface d'O. Abel.
105. *L'Art de vivre au présent*, collectif dir. par É. Le Nouvel.
106. *Manque et plénitude*, de J.-Y. Leloup.
107. *Le Cercle de Vie. Initiation chamanique d'une psychothérapeute*, de M. Séjournant.
108. *Le Théâtre de la guérison*, d'A. Jodorowsky.
109. *Histoire d'âme*, de C. Singer.
110. *L'Âme de la nature*, de R. Sheldrake.
111. *Au nom de la vérité, Algérie 1954-1962*, de Mgr L. É. Duval.
112. *L'Art du kôan zen*, de T. Jyoji. (Inédit).
113. *L'Absurde et la Grâce*, de J.-Y. Leloup.
114. *Le Palais des arcs-en-ciel*, de T. Tcheudrak.
115. *Éloge du bon sens*, de M. de Smedt.
116. *En chemin vers le Bouddha*, d'O. Germain-Thomas.
117. *Pour comprendre l'intégrisme islamiste*, de M. Gozlan.
118. *Le Rêve de Confucius*, de J. Levi.
119. *Un art de l'attention*, de J.-Y. Leloup.
120. *Religions en dialogue*, de J. Mouttapa.
121. *Le Courage de se libérer*, de P. et P. Fenner.
122. *Histoire des Dalaï-Lamas*, de R. Barraux.
123. *Du Sahara aux Cévennes*, de P. Rabhi.
124. *Aux sources du zen*, d'A. Low.
125. *Le Curé de Nazareth*, d'H. Prolongeau.
126. *L'Évangile d'un libre penseur*, de G. Ringlet.
127. *Le Courage de vivre pour mourir*, de N. Masson-Sékiné.
128. *Quand la conscience s'éveille*, d'A. de Mello.
129. *Les Fables d'Ésope*, de J. Lacarrière.
130. *L'Esprit des arts martiaux*, d'A. Cognard.
131. *Sans les animaux, le monde ne serait pas humain*, de K. L. Matignon.
132. *L'Arc et la Flèche*, d'A. de Souzenelle.
133. *Adieu, Babylone*, de N. Kattan. Préface de M. Tournier.

134. *Le Gardien du feu*, de P. RABHI.
135. *La Prière parallèle*, de C. PAYSAN.
136. *Dieu a changé d'adresse*, d'O. VALLET.
137. *La Danse de la réalité*, d'A. JODOROWSKY.
138. *Le Courage de changer sa vie*, d'A. DUCROCQ.

Reproduction photomécanique
et impression ***Bussière Camedan Imprimeries***
en janvier 2004.

N° d'édition : 22221. – N° d'impression : 035456/1.
Dépôt légal : février 2004.
Imprimé en France